ICH MACH
DAS NÄCHSTE JAHR
ZUM BESTEN
MEINES LEBENS!

NAME

STRASSE, ORT

TELEFON

E-MAIL

KOSMOS

MEINE NOTIZEN

MONAT 1:

MONAT 2:

MONAT 3:

MONAT 4:

MONAT 5:

MONAT 6:

MONAT 7:

MONAT 8:

MONAT 9:

MONAT 10:

MONAT 11:

MONAT 12:

INHALT

INDIVIDUELLER WANDEL

Verbinde dich mit dem, was dir wirklich wichtig ist in deinem Leben. Gib deinem Leben Sinn und werde zur besten Version deiner selbst.

SOZIALER WANDEL

Verbinde dich mit anderen Menschen – um dich herum und auf der ganzen Welt. Behandle sie so, wie du selbst behandelt werden möchtest.

ÖKOLOGISCHER WANDEL

Verbinde dich mit der Umwelt, der Natur, unserer Erde. Schütze und unterstütze die Tiere, Pflanzen und Ökosysteme unseres Planeten.

VORWORT

Dieses Buch ist dein persönlicher Wandelplaner. Es will dir beim Verändern helfen. Denn Veränderungen sind nie ganz leicht – egal, ob es um den vermeintlich kleinen, persönlichen Wandel geht oder den großen, gesellschaftlichen. Es scheint oft leichter und sicherer, sich ständig im gleichen Kreis zu drehen, als etwas zu verändern. Selbst dann, wenn wir unglücklich oder gar krank sind. Wenn wir als Gemeinschaft so sehr auf Kosten anderer Menschen, Tiere und Pflanzen leben, dass wir das eigentlich unmöglich mit unseren Grundwerten vereinbaren können. Selbst dann, wenn wir dadurch unsere Lebensgrundlage zerstören: das Ökosystem Erde. Wir hetzen uns ab im Hamsterrad unseres Alltags, um die Erwartungen anderer zu erfüllen und wissen gar nicht mehr, was uns eigentlich wichtig ist im Leben. Wir wollen mithalten, unterdrücken Wut, Frust, Traurigkeit oder Einsamkeit – und nennen es dennoch Erfolg.

Doch wir leben in Zeiten ökologischer und sozialer Umwälzungen, ob uns das gefällt oder nicht. Um unserer Verantwortung gerecht zu werden, müssen wir unsere Lebensweise ändern. Diesen Wandel so lange wie möglich zu verschieben bedeutet nur, dass wir uns abgetrennt fühlen: Von uns selbst, von anderen Menschen und von der Natur. Es bedeutet auch, zwei Mythen aufzusitzen: Entweder dem Mythos, dass es keine Alternativen gäbe. Oder dem, dass Veränderungen automatisch eine Verschlechterung mit sich brächten. Beides ist falsch. Veränderungen sind möglich und sie können unser Leben bereichern, indem sie es mit Sinn und Bedeutung erfüllen. Zu wissen, dass unsere Entscheidungen und Handlungen das Leben anderer Menschen, Tiere und Pflanzen verbessern, ist ein gewaltiges Geschenk. Ein Geschenk, das du dir mit ein bisschen Mut und Durchhaltevermögen auch selber machen kannst.

»SEI DU DER WANDEL, DEN DU DIR WÜNSCHST FÜR DIESE WELT.« GANDHI

Wir selbst haben uns vor Jahren entschlossen so zu leben, dass wir unsere Werte und unser Handeln zunehmend in Einklang bringen können: Wir haben uns beruflich neu orientiert, unser Konsumverhalten geändert und so viele Freiräume geschaffen. Wir haben neue Prioritäten gesetzt, neue Freunde gefunden und neue Perspektiven gewonnen. Das alles ist nicht immer ein Spaziergang. Sich zu verändern bedeutet auch, sich die negativen Seiten des eigenen Handelns anzusehen – und sich ehrlich einzugestehen, wofür man die Verantwortung trägt. Es bedeutet, dass man hier und da gegen den Strom schwimmen und damit klarkommen muss, dass es nicht immer Anerkennung für die eigene Anstrengung gibt. Das kann aufwühlend, frustrierend und sogar beängstigend sein. Es ist aber auch befreiend. Denn es zeigt, um wie viel größer dein Handlungsspielraum ist, als du am Anfang vielleicht dachtest. Und dass die Risiken und Hindernisse oft kleiner sind, als zunächst vermutet.

DREI KRISEN: DREI CHANCEN

Im Verlauf unseres Wandels haben wir erkannt, dass sich der persönliche und gesellschaftliche Veränderungsdruck im Wesentlichen auf drei Krisen zurückführen lässt: Die individuelle, die soziale und die ökologische Krise. Alle drei sind zugleich aber auch Ausgangspunkt für drei Chancen: Denn indem wir uns wieder mit

uns selbst verbinden, erkennen wir, was unserem Leben wirklich Sinn gibt und uns glücklich macht. Indem wir uns mit anderen Menschen vernetzen, erleben wir Gemeinschaft, Zuneigung und Anerkennung. Und indem wir den Kontakt zur Natur wiederbeleben und intensivieren, entdecken wir unsere Verbundenheit mit dem großen Ganzen. Oft ist dabei der erste Schritt der Schwierigste: Du weißt noch nicht genau, was dich erwartet, welche Risiken es vielleicht gibt. Eine Vision, ein Traum, ein Ideal oder ein bedeutsames Ziel können dir dazu die notwendige Motivation geben. Deshalb liefert dir der erste Teil dieses Buches Anleitungen, die dir helfen, sie zu finden.

DAS BEPPO-PRINZIP

So groß und bedeutsam eine Utopie auch sein mag – selten ist der erste Schritt ein gewaltiger, umfassender Befreiungsschlag. Natürlich wünschen auch wir uns, wir könnten die Welt innerhalb der nächsten Jahre zu einem guten Ort für alle machen. Doch die Sache hat einen Haken: Die Aufgabe ist ganz schön komplex. So komplex, dass ein Mensch oder eine Gruppe daran verzweifeln kann – oder vielleicht gar nicht erst den Mut aufbringt, sich daran zu machen. Deshalb hängen wir der Philosophie von Beppo an, jenem Straßenkehrer, der dem kleinen Mädchen Momo in Michael Endes gleichnamiger Geschichte erklärt, wie er seine

Arbeit verrichtet: Wer bei jedem Besenstrich ans Ende der Straße – also auf die Utopie, das Ideal – schaut, der sieht immer nur die riesige Wegstrecke vor sich. „Das kann man niemals schaffen, denkt man", meint Beppo. „Und man strengt sich noch mehr an, man kriegt es mit der Angst ... so darf man es nicht machen." Und Beppo hat recht: Besser ist es, sich immer nur auf den nächsten Schritt zu konzentrieren, ihn so gut wie möglich zu tun und danach kurz innezuhalten, um das Ergebnis zu begutachten. Dann kann der nächste Schritt folgen – und früher oder später kommt man von ganz alleine ans Ziel.

Das hat mehrere Vorteile: Zum einen kannst du den Schritt der Veränderung genau so wählen, dass er dir machbar erscheint. Du setzt dich nicht unter Druck und erwartest, dass du deinem Ideal perfekt entsprichst. Auf diese Weise kannst du – wenn du innehältst und deinen Schritt begutachtest – deine Fortschritte anerkennen. Du misst dich und deinen Erfolg dann an der Strecke, die du zurückgelegt hast und nicht an dem, was noch vor dir liegt. Das motiviert dich und schenkt deinem Veränderungsprozess Leichtigkeit, Freude und Flexibilität. Du kannst nach jedem Schritt feststellen, ob du den nächsten Schritt tatsächlich in die gleiche Richtung setzen willst – oder ob es sich aus dem ein oder anderen Grund lohnt, nach links oder rechts zu gehen. Vielleicht eröffnet sich eine unerwartete, günstige Gelegenheit. Vielleicht stößt du aber auch auf ein Hindernis, mit dem du nicht gerechnet hast. Was auch immer es ist: Hättest du nur ans Ende der Straße geschaut, hättest du es nicht gesehen. Auch wenn das Ziel eine wichtige Orientierungshilfe für dich ist.

Wir haben diesen Jahresplaner für deinen individuellen, sozialen und ökologischen Wandel deshalb nach dem Beppo-Prinzip aufgebaut: Das Ende der Straße ist dein Jahresziel, das du im ersten Teil bestimmst. Danach machst du dich im zweiten Teil schrittweise auf den Weg. Hier haben wir die Monatsplanung und -auswertung als Etappenziele eingefügt. Sie geben dir Orientierung, sodass du deine Richtung und Prioritäten für das Jahr insgesamt nicht aus dem Blick verlierst. Durch die Wochenpläne, die sich daraus ergeben, kannst du dich dann jedoch auf jeden einzelnen Schritt konzentrieren – und brauchst nicht ständig auf das „Straßenende" zu gucken.

DU BIST EIN HELD

Dass jeder Mensch ein Held oder eine Heldin ist, das haben nicht wir erfunden. Es war der Mythenforscher Joseph Campbell, der um die Welt reiste, um die Geschichten und Erzählungen aus allen erdenklichen Ländern und Kulturen zusammenzutragen. Und er erkannte dabei etwas, was er die Heldenreise nannte: einen für Menschen archetypischen Ablauf für Veränderungen. Ob in antiken Dramen, modernen Hollywood-Blockbustern oder im eigenen Leben – wer sich aus seiner Komfortzone heraus in die unbekannte Welt wagt und sich den Abenteuern des Lebens stellt, der wächst in einer für Menschen typischen Weise über sich hinaus. Dein Leben ist eine fraktale Abfolge vieler, miteinander verflochtener Heldenreisen und Abenteuergeschichten: Was du aus deinem nächten Jahr machst, wird dein kommendes Jahrzehnt, wahrscheinlich sogar dein ganzes Leben prägen. Und wenn du willst und den Mut dazu findest, dann wird es dazu beitragen, dass du am Ende deines Lebens eine wahrhaft spannende Geschichte zu erzählen hast. Deshalb haben wir die Heldenreise als Grundlage für deine Verwandlung genutzt: Der erste Teil führt dich in den zwölf Schritten nach Campbell zu deinem nächsten Abenteuer. Wir wünschen dir dabei frohen Mut und viel Erfolg: Möge das nächste Jahr zum (vorläufig) besten deines Lebens werden!

Ilona Koglin & Marek Rohde

SO NUTZT DU DIESES BUCH

DEIN JAHRESPLAN

Mit Hilfe der Anleitungen im ersten Teil entdeckst du deine Träume, Ideen, Ziele und Schritte dorthin. Auf den Seiten 30 bis 33 findest du eine Liste für deine Jahresplanung. Hier kannst du alle Aufgaben und To-Dos ❶ eintragen, die dir einfallen.

DEIN MONATSPLAN

Am Anfang jedes Monats kannst du den Planer ❷ fortlaufend nummerieren und dort wichtige Termine festhalten. Du kannst deine Monatsziele ❸ festlegen und die Aufgaben für diesen Monat ❹ auflisten. Zudem hast du hier einen Routinen-Checker ❺, um festzuhalten, wie gut du deine neuen Gewohnheiten umsetzt.

DEIN WOCHENPLAN

Jeden Montag bestimmst du deine Ziele ❻ und Aufgaben ❼ für die Woche. Täglich wählst du zudem die drei wichtigsten To-Dos ❽ aus. Im unteren Bereich ❾ findest du Tipps und Ideen, wie du deinen Alltag schöner und öko-sozialer machen kannst.

DEINE MONATSAUSWERTUNG

Am Ende jeden Monats findest du Raum für eine Auswertung ❿. Damit kannst du regelmäßig prüfen, was gut läuft und was du lieber anders machen möchtest. Du kannst dir deine Fortschritte bewusst machen und so Inspiration und Motivation für den folgenden Monat gewinnen.

EXTRA-DOWNLOADS
Individuelle Lesezeichen, Umschläge und Planungslisten zum Ausdrucken sowie Video-Tutorials findest du unter: www.bestes-jahr-meines-lebens.de/download

7

1 GEWOHNTE WELT

Betrachte deine gewohnte Welt, um zu erkennen, was du ändern möchtest.

2 WECKRUF

Entdecke deinen Weckruf: die Idee, das Ziel, die Sehnsucht, die dich in die Zukunft ziehen.

3 WEIGERUNG

Finde heraus, was dich daran hindert, deine Träume zu verwirklichen.

4 MENTOR

Wer könnte dich bei deinem Vorhaben mit Wissen, Erfahrung und Ermutigung unterstützen?

5 ERSTE SCHWELLE

Wage den Schritt in die unbekannte Welt und stecke dir neue Ziele.

6 BEWÄHRUNGSPROBE

Erkunde die unbekannte Welt: Erkenne deine Chancen und Risiken, Stärken und Schwächen, Mitstreiter und Widersacher.

DIE BEKANNTE WELT

1. Schwelle
Verlasse deine
Komfortzone

DIE 12 SCHRITTE beschreiben archetypisch, wie wir Menschen uns verändern. Viele Filme, Bücher und Geschichten basieren auf ihr. Du kannst sie aber auch in den Erzählungen von Menschen wiederfinden, die über die Herausforderungen ihres eigenen Lebens berichten. Deshalb haben wir diesen Ablauf als Grundlage für deinen Verän-

TEIL 1 DEINE HELDENREISE

7 TIEFSTE HÖHLE

Schärfe deinen Blick für die Realität:
Kläre das Verhältnis von Aufwand
und Wirkung deiner Vorhaben.

8 PRÜFUNG

Erkenne, wie du dich selbst
ermutigen kannst – auch in
schwierigen Zeiten.

10 ENTSCHLUSS

Wie kommst du von der
Idee zur Umsetzung?
Konkretisiere deine Ziele.

12 AUFLÖSUNG

Setze deine Prioritäten und
finde die Routinen, die dir
weiterhelfen.

9 ELIXIER

Finde heraus, was dich
stark und kraftvoll macht!

11 VERWANDLUNG

Mach dich bereit zum
Loslegen: Bestimme deine
Aufgabenbereiche.

DIE UNBEKANNTE WELT

2. Schwelle
Sei die
Veränderung

DIE BEKANNTE WELT

derungsprozess genutzt: Wir haben pro Schritt eine Übung für dich, die dir helfen kann
herauszufinden, was dein nächstes Jahr zum Besten deines Lebens macht. Am Ende
des ersten Abschnitts hast du ein oder mehrere, große oder kleine konkrete Projektide-
en, die du dann über das Jahr hinweg mit Hilfe des zweiten Teils verwirklichen kannst.

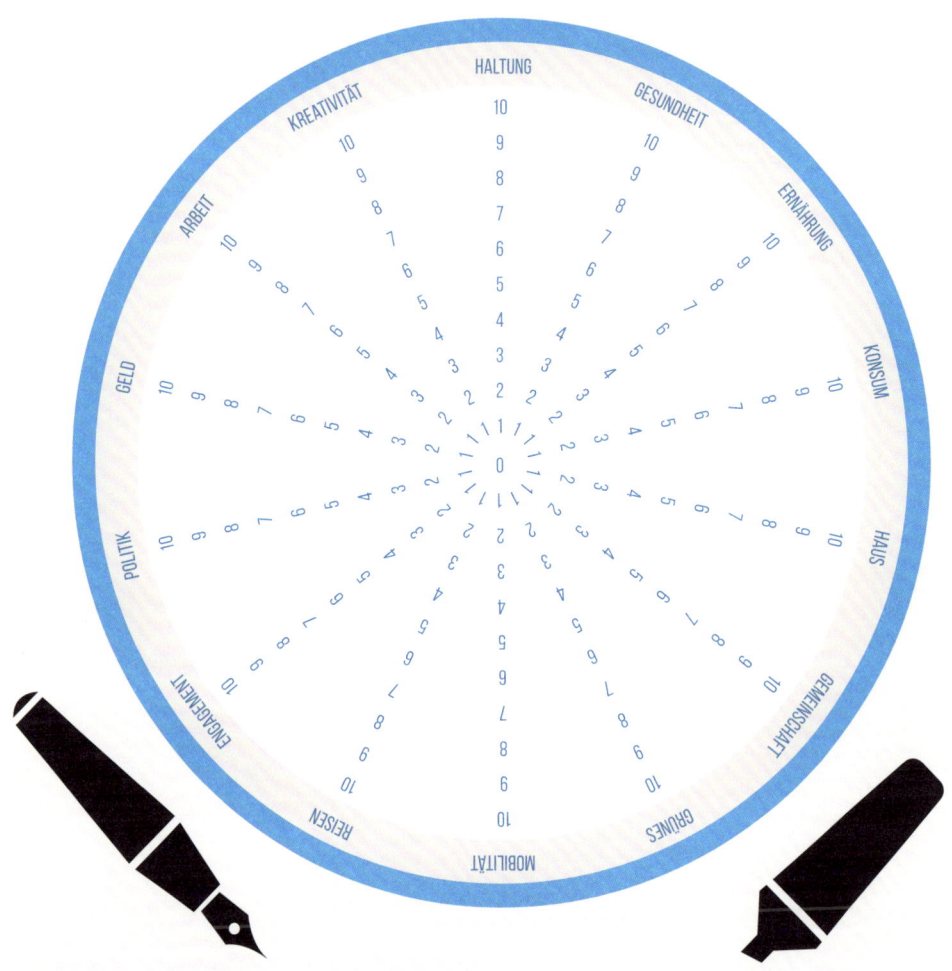

1 | GEWOHNTE WELT
WAS WILLST DU IN DEINEM LEBEN ÄNDERN?

1. DER VERÄNDERUNGSRADAR
Bewerte in Ruhe in welchen der oben genannten Bereiche du umweltfreundlicher, fairer und engagierter handeln willst. Markiere dies in der Skala von 0 (kann so bleiben) bis 10 (dringend ändern).

2. VERÄNDERUNGEN AUSMACHEN
Wo wünschst du dir am meisten eine Veränderung? Überlege, was du konkret tun könntest, um sie zu erreichen. Schreibe erste Ideen in die Liste rechts. Überlasse dich deiner Intuition und sammle so viele Ideen wie möglich.

3. PRIORITÄTEN SETZEN
Markiere mit drei Farbstiften, was für dich sehr (rot), mittel (gelb) oder weniger (grün) wichtig oder dringend ist.

»DIE ZUKUNFT GEHÖRT DENEN, DIE AN DIE WAHRHEIT IHRER TRÄUME GLAUBEN«, ELEANOR ROOSEVELT

DAS KÖNNTE ICH TUN:

2 | WECKRUF
WAS LOCKT DICH IN DEINE ZUKUNFT?

In jeder Geschichte erfährt der Held oder die Heldin einen Weckruf: eine Idee oder eine Vision, die ihm/ihr sagt, dass er/sie etwas Neues wagen sollte. Male als deinen Weckruf, wie deine Welt aussieht, wenn alle Veränderungen eingetreten sind, die du dir wünschst. Du kannst vor dem Malen auch die folgende Traumreise machen, um dich zu inspirieren:

1. ENTSPANNE DICH
Suche dir einen ruhigen Ort und nimm dir Zeit. Zieh dich bequem an, schalte vielleicht schöne, ruhige Musik an. Lege dich bequem auf den Rücken und entspanne dich.

2. WERDE RUHIG
Schließe deine Augen und konzentriere dich auf deinen Atem. Spüre, wie sich dein Bauch hebt und senkt. Atme auf diese Weise gut zehn Minuten lang und genieße die Ruhe und Entspannung. Fühle deinen ganzen Körper.

3. VISUALISIERE DEINE ZUKUNFT
Stell dir nun vor, dass du auf magische Weise in eine Zukunft gereist bist, in der sich alle deine Träume erfüllt haben. Überlasse deiner Intuition die Führung und lass Bilder vor deinem inneren Auge aufsteigen: Wen oder was siehst du? Was tust du? Welches Lebensgefühl begleitet dich dabei? Worüber freust du dich? Wofür bist du dankbar? Lass alles wie einen Film vor deinem inneren Auge vorbeiziehen. Beobachte, höre, rieche ...

TIPP Du kannst dir die Traumreise als MP3-Datei herunterladen: www.bestes-jahr-meines-lebens.de/downloads

3 | WEIGERUNG
WAS HINDERT DICH DARAN LOSZULEGEN?

Niemand verlässt gerne seine Komfortzone. Sicher findest auch du jede Menge vermeintlich guter Gründe, die dich hindern das zu tun, was du eigentlich tun willst oder solltest. Das Warum-Monster kann dir dabei helfen, Ausreden zu entlarven und zu sehen, welche Bedürfnisse tatsächlich dahinter stehen.

1. WAS HÄLT DICH AB?

Schreibe rechts die drei wichtigsten Gründe auf, warum du bestimmte Veränderungen nicht angehen kannst. Übliche Gründe sind: Ich habe keine Zeit. Oder: Mir fehlt das Geld.

2. FRAGE DAS WARUM-MONSTER

Frage dich nun immer wieder: „Warum?". Wenn du etwa geschrieben hast, dass du nichts änderst, weil du keine Zeit hast, dann frage dich, warum das so ist. Wenn du darauf etwa antwortest, dass das so ist, weil du nun mal so viel arbeitest, frage dich, warum du so viel arbeitest. Stelle dir mindestens fünfmal die Warum-Frage und beginne die Antwort immer mit „Weil ich ...". Versuche nicht die Verantwortung abzugeben. Nur so kannst du deine Ausreden entlarven.

3. FINDE DEN KERN

Irgendwann kommst du zum Kern deiner Ausrede. Wenn du etwa viel arbeitest, weil es andere von dir erwarten, ist es womöglich so, dass dir in Wahrheit (noch) der Mut fehlt, gesellschaftliche Normen zu brechen. Notiere zum Schluss ganz rechts deine drei wichtigsten Erkenntnisse. Was kannst und was willst du ändern? Formuliere ein positives Vorhaben und trage es oben ein.

NAME:

NAME:

NAME:

DAS WILL ICH SEIN:

DAS WILL ICH SEIN:

DAS WILL ICH SEIN:

DAS WILL ICH DAFÜR TUN:

DAS WILL ICH DAFÜR TUN:

DAS WILL ICH DAFÜR TUN:

4 | MENTOREN

WER GIBT DIR MUT UND ORIENTIERUNG?

Es erfordert Mut und Energie sich aufzumachen, die eigene Komfortzone zu verlassen und sein Leben zu verändern. In jeder Geschichte gibt es daher einen Mentor, der dem Helden oder der Heldin Mut und Orientierung gibt. Suche dir jetzt deine Mentoren aus: Wer inspiriert dich? Wer ist dein Vorbild? Wer sind deine Helden? Wer hat Träume und Ideen verwirklicht, die du dir auch für dich wünschst? Wer lebt Werte, die auch dir wichtig sind? Wer hat Fähigkeiten und Eigenschaften, die du auch anstrebst? Das können reale Menschen sein – solche, die noch leben und solche, die bereits tot sind; solche, die

NAME:

DAS WILL ICH SEIN:

NAME:

DAS WILL ICH SEIN:

NAME:

DAS WILL ICH SEIN:

DAS WILL ICH DAFÜR TUN:

DAS WILL ICH DAFÜR TUN:

DAS WILL ICH DAFÜR TUN:

Formuliere aus deinen Vorhaben einen Leitsatz und notiere ihn auf einem Zettel, den du dort aufhängst, wo du ihn täglich siehst.

du persönlich kennst und solche, die du nicht kennst. Es können auch fiktive Figuren sein, wie Merlin oder Momo. Zeichne ihre Portraits oben hin oder klebe ihr Foto ein. Schreibe darunter, welche Eigenschaften und Fähigkeiten sie besitzen, die du schätzt (auch Superkräfte ;-)). Notiere darunter, was du konkret tun wirst, um ihnen nachzueifern.

5 | ERSTE SCHWELLE
WAS SIND DEINE TRÄUME UND ZIELE?

Bist du bereit, ins Abenteuer zu ziehen? Dann überschreite die Schwelle und bestimme deine Träume und Ziele für dieses Jahr. Damit du dich im Überschwang der ersten Euphorie nicht verzettelst, ordnest du sie zeitlich ein und priorisierst sie. Das gibt dir eine erste (aber nicht in Stein gemeißelte) Vorstellung von deiner Abenteuerreise. Denke dabei wagemutig, aber realistisch!

MEINE LEBENSTRÄUME

Was willst du am Ende deines Leben getan haben? Was ist dir wirklich, wirklich wichtig? Welche deiner Ideen aus dem Veränderungsradar sind echte Lebensträume?

MEINE 5-JAHRESZIELE

Was möchtest du in fünf Jahren erreichen? Welche 5-Jahresziele könnten zudem Etappen hin zu deinen Lebensträumen sein?

MEIN 1-JAHRESPLAN

Wo willst du in zwölf Monaten stehen? Welche 1-Jahresziele könnten Etappen hin zu deinen 5-Jahreszielen und Lebensträumen sein?

LEBENSTRÄUME

5-JAHRESZIELE

1-JAHRESPLAN

**MITSTREITER
CHANCEN
STÄRKEN**

KENNE ICH GUT

6 | BEWÄHRUNGSPROBE
WAS UNTERSTÜTZT UND WAS HINDERT DICH?

Sobald du dein Leben änderst, begibst du dich auf Neuland. Du tust Dinge, die du noch nie getan hast, findest neue Freunde, aber auch Widersacher, Herausforderungen und vielleicht sogar Gefahren. Erkunde daher nun dein neues Umfeld:

1. POSITIVE UND NEGATIVE KRÄFTE

Welche Stärken, Chancen sowie Unterstützer gibt es bei deinen Vorhaben – welche Schwächen, Risiken und Widersacher? Das können Fähigkeiten, Eigenschaften, Ressourcen, Entwicklungen, Organisationen oder Menschen sein. Welche davon kennst du gut und weißt, wie du mit ihnen umgehen kannst? Welche davon sind dir fremd und deshalb möglicherweise beängstigend?

2. WIE GEHST DU DAMIT UM?

Was kannst du tun, um die positiven Kräfte zu nutzen und die negativen auszugleichen? Wie könntest du zum Beispiel die Kritik deiner Widersacher zu deiner Stärke machen? Wer kann dir mit Rat und Tat zur Seite stehen? Aber pass auf: In jeder Heldengeschichte gibt es die Formwandler. Das sind Widersacher, die sich als Freunde entpuppen und umgekehrt ...

TIPP Wenn du nun kalte Füße bekommst, dann kann es dir helfen, wenn du dir das absolute Worst-Case-Szenario ausmalst: Wie würde dein Leben aussehen, wenn alles so richtig schief laufen würde? Male dir alles in Einzelheiten aus – und überlege dir dann, wie es danach weitergehen würde. Was würdest du tun, um dich aus der Krise herauszuholen? Welche deiner Stärken und Mitstreiter würden dich dabei unterstützen?

EINSATZ

WIRKUNG

WINDMÜHLEN
Links oben: Hüte dich vor diesen Zielen. Sie sind schwierig und bringen kaum etwas. Bist du bereit, diese Ziele loszulassen?

KNIFFLIGE KNOTEN
Rechts oben: Diese Ziele sind mühsam, doch von großer Wirkung – auch auf dich: Du kommst weit aus deiner Komfortzone heraus und lernst richtig viel.

KLEINE SCHRITTE
Links unten: Diese Ziele lassen sich leicht realisieren, haben aber keine große Wirkung. Aber vielleicht willst du ja auch erst mal kleine Schritte machen.

SÜSSE FRÜCHTE
Rechts unten: Diese Ziele sind auch nicht aufwendig – aber sehr wirkungsvoll! Mach dich also gleich ans Werk.

TIPP

Besondere Anhäufungen in deiner Matrix können dir etwas über dich sagen: Wenn du viele Kleine-Schritte-Ziele hast, kannst du ruhig ein bisschen mutiger träumen. Hast du vor allem Knifflige-Knoten-Ziele bist du visionär. Das ist kein Problem, solange dich die Herausforderungen nicht hindern loszulegen. Ansonsten kannst du dir überlegen, ob du kleinere Teilziele finden kannst.

7 | TIEFSTE HÖHLE

PRÜFE DEINE ZIELE: AUFWAND UND WIRKUNG

Jetzt wagt sich der Held oder die Heldin in die Höhle des Löwen, ins Hauptquartier des größten Widersachers. Es geht um's Ganze. Es gibt alles zu gewinnen, es steht aber auch alles auf dem Spiel. Klopfe deine Ziele (Seite 19) mit Hilfe dieser Matrix ab:

1. MEIN EINSATZ

Du findest in der Matrix links zwei Achsen. Die vertikale Achse betrifft deinen Aufwand: Was ist dein Einsatz, um dein Ziel zu erreichen? Frage dich beispielsweise:
- Wie groß ist die Veränderung?
- Wie schwer fällt sie mir?
- Was muss ich dafür aufgeben?
- Wie groß sind die Widerstände?
- Wie viel Zeit und Ressourcen braucht es?

2. DIE WIRKUNG

Überlege, wie groß die Wirkung ist, wenn du deine Ziele erreichst. Berücksichtige dabei, wie sich dies auf dich und dein Leben, dein Umfeld und die Welt insgesamt auswirkt.

3. POSITIONIEREN

Trage nun jedes Ziel in die Matrix ein. Am besten machst du ein Kreuz und schreibst den Zielnamen daneben. Natürlich kann keiner im Voraus wissen, wie hoch Aufwand und Wirkung tatsächlich sein werden. Vertraue deshalb auch deiner Intuition.

4. DIE AUSWERTUNG

Werte deine Matrix aus und überlege dir, welche Ziele du als erstes angehen möchtest. Links findest du ein paar Anhaltspunkte, die dir bei der Einschätzung helfen können.

8 | PRÜFUNG

ERMUTIGE DICH! SIEBEN MUTMACHER-TIPPS

Es ist leicht, Ziele zu verfolgen, wenn alles gut läuft. Doch wenn es Rückschläge hagelt oder Träume sogar platzen, kostet es viel Kraft dennoch dranzubleiben. Daher findest du hier Tipps, wie du dich in Stunden der Prüfung selbst ermutigen kannst. Wenn du eigene Ideen hast, schreibe sie in die freien Felder.

MACH DEN KOPF FREI

Wenn du voller Angst, Frust oder Wut bist, geht gar nichts mehr. Baue daher negative Gefühle ab, indem du etwas tust,  das dir Freude macht: Treibe Sport, tanze durch den Raum, lächle dich im Spiegel an, sei kreativ, höre deine Lieblingsmusik oder schaue deinen Lieblingsfilm. Behandle dich selbst wie deinen besten Freund!

DEINE IDEEN:

LOSLASSEN ÜBEN

In schweren Zeiten geht es oft darum, vermeintliche Lösungen, Ausreden, Schuldzuweisungen, Ziele, Ideen, Gewohnheiten oder negative Glaubenssätze loszulassen. Dafür gibt es einen Trick:

1. VISUALISIERE

Schreibe oder zeichne, was du loslassen möchtest, auf einen Zettel.

2. PRÜFE UND VERZEIHE

Schau dir die Sache von allen Seiten an und wäge ab: Bist du bereit loszulassen, dir zu verzeihen und zu erkennen, dass loslassen nicht scheitern bedeutet? Verabschiede und bedanke dich.

3. LASS LOS

Knülle den Zettel in deiner Hand zusammen, strecke sie aus, drehe sie um – und lass den Zettel los. Achte dabei auf deine Gefühle. Du kannst den Zettel auch symbolisch vergraben oder verbrennen.

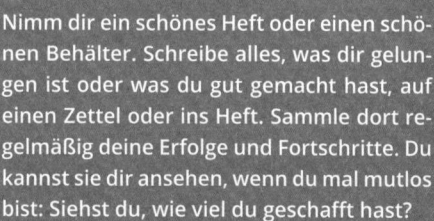

MUTMACHER SAMMELN

Nimm dir ein schönes Heft oder einen schönen Behälter. Schreibe alles, was dir gelungen ist oder was du gut gemacht hast, auf einen Zettel oder ins Heft. Sammle dort regelmäßig deine Erfolge und Fortschritte. Du kannst sie dir ansehen, wenn du mal mutlos bist: Siehst du, wie viel du geschafft hast?

FRAGE DEINE MENTOREN

Schau dir die Galerie deiner Helden und Heldinnen an: Was würden sie an deiner Stelle tun? Du kannst, um ein wenig Abstand zu bekommen, auch mal überlegen, was du tun würdest, wärst du ein Filmheld mit Superkräften. Denk dir eine richtig gute Geschichte aus – und übersetze dann, was dies in der realen Welt bedeuten könnte.

IN GEDULD ÜBEN

Wenn du das Gefühl hast, dass alles viel zu lange dauert, deine To-Do-Liste endlos lang ist und/oder du nicht genug schaffst, dann übe dich in Geduld:

1. HIER UND JETZT

Schau dir nur an, was du heute tun möchtest und dann konzentriere dich immer nur auf eine Aufgabe zur Zeit.

2. TEILE AUFGABEN AUF

Zerlege Aufgaben in Teilaufgaben und feiere alles, was du erledigt hast!

3. PAUSEN EINBAUEN

Baue viele kleine Pausen in deinen Alltag ein, während derer du etwas ganz anderes machst.

4. LIEBE DETAILS

Erledige alles mit extra viel Sorgfalt. Nimm dir bewusst doppelt so viel Zeit, wie du eigentlich benötigst.

NOCH MEHR IDEEN:

DIE MACHT DER DANKBARKEIT

Dankbarkeit kannst du üben und sie hat gewaltige Macht: Sie zeigt dir, dass selbst Rückschläge und Niederlagen eine Quelle der Weisheit sein können. Überlege dir täglich drei Dinge, für die du dankbar bist. Es wird deine Weltsicht verändern!

FINDE DEINE MUT-FORMEL

Manchmal können dich Ziele, Träume und Visionen durch ein mühseliges Tal tragen. Formuliere dazu deinen Traum in einem Motto oder Namen, etwa „Projekt Weltrettung". Überlege dir dann einen optischen Anker dafür, ein Symbol. Mache beides überall in deinem Alltag sichtbar: als Bildschirmschoner, auf einem Zettel am Badezimmerspiegel oder im Geldbeutel ...

ACHTE AUF DEINE GEDANKEN, DENN SIE WERDEN WORTE.

ACHTE AUF DEINE WORTE, DENN SIE WERDEN TATEN.

ACHTE AUF DEINE TATEN, DENN SIE WERDEN GEWOHNHEIT.

ACHTE AUF DEINE GEWOHNHEITEN, DENN SIE WERDEN DEIN CHARAKTER.

ACHTE AUF DEINEN CHARAKTER, DENN ER WIRD DEIN SCHICKSAL.

9 | ELIXIER
WAS MACHT DICH STARK? DEIN KRAFTBAUM

Willst du die Welt verändern, dann kommt es nicht nur darauf an, was du machst – es ist auch wichtig, wie du etwas tust. Mit dem Kraftbaum kannst du in sechs Schritten ergründen, wie deine Gedanken deine Taten, deine Gewohnheiten und damit dich und dein Leben beeinflussen. Erkenne mit ihm deine positiven Seiten und finde heraus, mit welcher Grundhaltung du deine Ideen umsetzen möchtest. Beginne unten und arbeite nach oben weiter, so wie ein Baum in die Höhe wächst.

1. GEFÜHL

Trage bis zu fünf positive Grundgefühle, die dich kennzeichnen, unten ins Erdreich ein: So etwas wie „zuversichtlich", „mutig" oder „enthusiastisch". Dies sind die Nährstoffe, die deinen Baum wachsen und gedeihen lassen.

2. GEDANKEN

Schreibe maximal fünf Gedanken, die sich aus den Grundgefühlen ergeben, in die Wurzeln, die deinem Baum Halt geben. Beginne die Sätze mit einem „Ich...". Zum Beispiel: „Ich bin offen für neue Ideen".

3. WORTE

Beschreibe in drei Adjektiven, wie dies alles deinen Austausch mit der Welt prägt. Etwa: „ehrlich", „offen" oder „humorvoll". Je stärker sie sind, desto tragfähiger wird der Stamm.

4. TATEN

Welche Taten entstehen daraus? Schreibe die Handlungen, die sich aus dem bereits Genannten ergeben, in die Baumkrone. Etwa: „Ich suche stets nach kreativen Lösungen".

5. GEWOHNHEITEN

Aus deinen Taten resultieren die Gewohnheiten, die deinen Charakter formen. Trage diese in die Früchte ein. Zum Beispiel: „Ich höre gut zu" oder „Ich bleibe neugierig".

4. TATEN

3. WORTE

2. GEDANKEN

5. GEWOHNHEITEN

1. GEFÜHLE

> **»WIR WERDEN NICHT DURCH DIE ERINNERUNG AN UNSERE VERGANGENHEIT WEISE, SONDERN DURCH DIE VERANTWORTUNG FÜR UNSERE ZUKUNFT«, G.B.SHAW**

10 | ENTSCHLUSS
WIE SIEHT DEIN BEST-CASE-SZENARIO AUS?

Das Elixier zu finden ist das eine – es in deinem Alltag einzusetzen oft eine viel größere Herausforderung. Deshalb kannst du mit dieser Übung in die konkrete Planung einsteigen. Schau dir zuvor noch mal in Ruhe dein Zukunftsbild an, deinen Veränderungsradar, deine Heldengalerie und Lebensträume, die 5- und 1-Jahresziele. Dann kannst du mit der Übung anfangen:

1. FINDE DEINE VISION

Stell dir vor, du befindest dich genau ein Jahr in der Zukunft. Alle deine Ziele und Ideen sind bereits Realität geworden. Die Sonne scheint, du bist glücklich, denn alles hat sich zu deiner vollsten Zufriedenheit entwickelt. Nimm dir ruhig etwas Zeit in Stille und stell dir alles vor.

2. SCHREIBE ALLES AUF

Mach dir nun rechts eine lange Liste, in der du haarklein notierst, was alles Tolles geschehen ist. Nutze die Vergangenheitsform, das motiviert unheimlich. Schreibe keine Stichpunkte, sondern kurze und fokussierte Sätze, wie: „Ich habe ein tolles Team gefunden, mit dem ich meine Idee verwirklicht habe". Oder auch: „Ich lebe heute plastikfrei und fühle mich dabei richtig gut".

WICHTIG Male dir dein Best-Case-Szenario in den schönsten Farben aus. Gehe dabei an die Grenzen dessen, was du für machbar hältst, aber bleibe realistisch. Formuliere alles positiv. Wenn du etwas nicht möchtest, dann überlege dir, was du stattdessen willst und schreibe dann das auf.

11 | VERWANDLUNG
WAS WILLST DU TUN? DEIN 1-JAHRESPLAN

Nun bist du bereit mit neuen Ideen, Vorhaben und Perspektiven in dein Jahr zu starten. Plane daher deine konkreten Schritte:

1. BRAINSTORMING

Gehe deine Liste durch und überlege dir, was du tun musst, um dein Best-Case-Szenario zu verwirklichen. Versuche dabei so konkret und praktisch wie möglich zu sein.

2. SORTIERUNG

Schreibe alle Aufgaben so in die folgenden Listen (Seite 30–33), das sie thematisch sortiert sind. Etwa alles, was mit einem bestimmten Thema oder Projekt zu tun hat. Das kann zum Beispiel alles sein, was mit Geld, mit Ernährung, mit Kommunikation, mit Gemeinschaft und anderem zu tun hat. Ein Tipp: Du kannst auch erst mal alle Aufgaben auf einem Zettel notieren, ausschneiden, sortieren und erst dann in die Listen übertragen.

3. AUFGABENBEREICHE

Ist alles verteilt, gibst du jeder Liste eine Überschrift. Dies sind deine Aufgabenbereiche. Formuliere diese möglichst positiv. Wenn du willst, kannst du darunter auch noch schreiben, was du gewinnst, wenn du alles erledigst. Das motiviert!

HINWEIS: Die folgenden Listen dienen dir auch unter dem Jahr als Ideenspeicher: Immer wenn dir zwischendurch etwas einfällt, kannst du das direkt in der entsprechenden Liste eintragen. So geht nichts verloren. Und wenn dir vor lauter Einfällen der Platz ausgeht, kannst du dir eine Vorlage als PDF-Datei herunterladen und ausdrucken: www.bestes-jahr-meines-lebens.de/downloads

AUFGABENBEREICH:
GEWINN:
AUFGABEN:

AUFGABENBEREICH:
GEWINN:
AUFGABEN:

AUFGABENBEREICH:

GEWINN:

AUFGABEN:

AUFGABENBEREICH:

GEWINN:

AUFGABEN:

AUFGABENBEREICH:

GEWINN:

AUFGABEN:

AUFGABENBEREICH:

GEWINN:

AUFGABEN:

AUFGABENBEREICH:

GEWINN:

AUFGABEN:

AUFGABENBEREICH:

GEWINN:

AUFGABEN:

AUFGABENBEREICH:

GEWINN:

AUFGABEN:

AUFGABENBEREICH:

GEWINN:

AUFGABEN:

AUFGABENBEREICH:

GEWINN:

AUFGABEN:

AUFGABENBEREICH:

GEWINN:

AUFGABEN:

12 | AUFLÖSUNG
WAS SIND DEINE PRIORITÄTEN?

Deine Planung ist fast fertig. Nun kommt der finale Teil: Ein Jahr lang wirst du jeden Tag etwas tun, das dich deinen Träumen und Zielen näher bringt. Daher geht es jetzt nur noch darum, Klarheit zu schaffen, damit du vom Traum zur Tat kommst.

1. PRIORISIERUNG
Gehe alle Aufgaben durch und markiere, wie wichtig oder dringend sie für dich sind:

■ sehr
■ mittel
■ weniger

2. AUFGABENBEREICHE WÄHLEN
Überlege danach, wie wichtig oder dringend die Aufgabenbereiche sind. Nutze auch hier die Farben und prüfe, womit du beginnst.

3. NEUE ROUTINEN
Unter den Aufgaben gibt es solche, die du nur einmal erledigen musst. Daneben gibt es aber auch welche, die du immer wieder tun musst, die eine neue Gewohnheit oder Routine werden sollen: wöchentlich einen Blogpost schreiben zum Beispiel. Oder täglich meditieren. Markiere dir alles, was eine regelmäßige Aufgabe ist. Du kannst sie später in deinem Monatsplan gesondert prüfen. Auf den nächsten Seiten findest du zudem noch Vorschläge für neue Routinen, die wir dir empfehlen, um leichter loszulegen, dranzubleiben und durchzuhalten.

1. ANFANG DES MONATS

Was wirst du diesen Monat tun? Was sind deine Ziele, Aufgaben und Routinen?

2. ANFANG DER WOCHE

Welche Aufgaben wirst du diese Woche umsetzen? Was sind deine Ziele und Prioritäten?

PLANUNGSROUTINEN

Veränderungen klappen meistens besser in kleinen Schritten. Wenn du dir den ganzen Berg auf einmal vornimmst, ist er riesengroß und scheint schier unüberwindbar. Einfacher ist es, wenn du Monat für Monat, Woche für Woche und Tag für Tag planst. Dann konzentrierst du dich immer nur auf die nächste Aufgabe, siehst tägliche Erfolge und bist mit Freude und motiviert bei der Sache. Regelmäßige Auswertungen helfen dir dabei, schnell aus deinen Erfahrungen zu lernen und deine Fortschritte zu erkennen. Zunächst erfordert dieser Rhythmus ein bisschen Disziplin. Aber mit der Zeit wird dir das Prinzip zur Gewohnheit, das fest zu deinem Tagesablauf gehört. Am besten gestaltest du die Planungsroutinen besonders angenehm: Schöne Musik, genug Zeit, eine Tasse Tee ... Du wirst sehen, dass sie zu kleinen Inseln im Alltagsstress werden.

7. ENDE DES MONATS

Werte die letzten Wochen aus, hake erledigte Aufgaben in der Jahresliste ab, prüfe deinen Routinen-Checker.

6. AM ENDE DER WOCHE

Was lief diese Woche gut? Worauf bist du stolz? Was lief nicht so gut? Was hast du nächste Woche vor?

TEIL 2 DEIN JAHRESPLAN

3. JEDEN MORGEN

Prüfe die Liste „Das mache ich diese Woche": Wähle die drei wichtigsten Aufgaben aus und trage sie in deinen Tagesplan ein.

4. TAGSÜBER

Hake erledigte Aufgaben ab. Schreibe neue Ideen und To-Dos in die Wochen-, Monats- oder Jahreslisten. Feiere alle erledigten Aufgaben.

5. JEDEN ABEND

Fülle deinen Routinen-Checker aus. Gehe die erledigten Aufgaben durch und überlege: Was lief gut, was nicht? Worauf bist du stolz? Wofür bist du dankbar? Worüber freust du dich?

MONATSPLAN

MONTAG	DIENSTAG	MITTWOCH	DONNERSTAG	FREITAG

CHECK: MEINE ROUTINEN	1	2	3	4	5	6	7	8	9	10	11	12	13	14	15	16	17	18	19

SAMSTAG	SONNTAG

20	21	22	23	24	25	26	27	28	29	30	31

MEINE MONATSZIELE:

MEINE AUFGABENLISTE:

WOCHE

MEIN WOCHENZIEL:

DAS MACHE ICH DIESE WOCHE:

MO	....
DI	....
MI	....
DO	....
FR	....
SA	....
SO	....

GLÜCK BASIERT zu 10 % auf den Umständen, zu 50 % auf deiner Veranlagung und immerhin zu 40 % auf deinen Taten! Was also willst du tun, um glücklicher zu sein?

10 % UMSTÄNDE 40 % HANDELN 50 % GENE

MO	
DI	
MI	
DO	
FR	
SA	
SO	

MEIN WOCHENZIEL:

DAS MACHE ICH DIESE WOCHE:

BEWEISE MUT

Mut und Zivilcourage sind keine angeborenen Eigenschaften, man kann sie üben – ja, man muss es sogar, wenn man etwas verändern will. Nimm dir daher diese Woche mindestens drei Mutproben vor. Tue etwas, was dich Überwindung kostet: Einen möglichen Mentoren anrufen. Deine Meinung sagen, auch wenn's unbequem ist. Dir die Zeit nehmen, um jemanden zu unterstützen – auch wenn du dadurch vielleicht Nachteile hast.

WOCHE

MEIN WOCHENZIEL:

DAS TUE ICH DIESE WOCHE:

MO	
DI	
MI	
DO	
FR	
SA	
SO	

ÜBE AUFMERKSAMKEIT

Wenn du deine Aufmerksamkeit und dein Ein-
fühlungsvermögen übst, kannst du eine Menge
in der Welt entdecken. Nimm dir daher jeden
Tag 5 bis 10 Minuten und versetze dich in einen
Menschen, ein Tier oder eine Pflanze: Was tun
sie? Wie mag es ihnen wohl gehen? Was fällt
dir auf? Und welche Wirkung hat dies auf dich?
Hinterfrage dabei auch deine eigene Haltung:
Wo tauchen vielleicht vorschnelle Schlussfolge-
rungen oder Vorurteile auf?

MO

_____
_____
_____

DI

_____
_____
_____

MI

_____
_____
_____

DO

_____
_____
_____

FR

_____
_____
_____

SA

_____
_____
_____

SO

_____
_____
_____

MEIN WOCHENZIEL:

DAS TUE ICH DIESE WOCHE:

	1	2	3	4	5	6	7	8	9	10
freundlich	·	·	·	·	·	·	·	·	·	·
optimistisch	·	·	·	·	·	·	·	·	·	·
hilfsbereit	·	·	·	·	·	·	·	·	·	·
fröhlich	·	·	·	·	·	·	·	·	·	·
mutig	·	·	·	·	·	·	·	·	·	·
geduldig	·	·	·	·	·	·	·	·	·	·
engagiert	·	·	·	·	·	·	·	·	·	·
friedlich	·	·	·	·	·	·	·	·	·	·

Auf einer Skala von 1 (gering) bis 10 (sehr):
Wie schätzt du dich ein?

»DIE GRÖSSTE ENTSCHEIDUNG DEINES LEBENS LIEGT DARIN, DASS DU DEIN LEBEN ÄNDERN KANNST, INDEM DU DEINE GEISTESHALTUNG ÄNDERST«, ALBERT SCHWEIZER

WOCHE

MEIN WOCHENZIEL:

DAS TUE ICH DIESE WOCHE:

MO	
DI	
MI	
DO	
FR	
SA	
SO	

1. AUFGABE FORMULIEREN
Formuliere eine Aufgabe, die du in 25 Minuten erledigen kannst.

2. WECKER STELLEN
Stelle eine Eieruhr auf 25 Minuten (1 Pomodoro) und bearbeite solange eine Aufgabe.

3. PAUSE MACHEN
Mache 5 Minuten Pause und alle vier Pomodori 15–20 Minuten.

DIE POMODORO-TECHNIK
Wenn du Dinge ewig vor dir herschiebst, dich nicht so richtig auf eine Aufgabe konzentrieren kannst und dich verzettelst, dann probiere die Pomodoro-Technik – benannt nach einer Eieruhr in Tomatenform. Durch die vielen Pausen bleibt dein Gehirn konzentriert und fit. Zudem sorgen die relativ kurzen Arbeitsphasen für kleine, überschaubare Aufgaben, die wenig Überwindung kosten. Übrigens: Es gibt auch Pomodoro-Apps. pomodorotechnique.com

AUSWERTUNG

Was lief gut? Worauf bist du besonders
stolz? Wer oder was hat dich unterstützt?

Was lief nicht so gut?
Wer oder was hat dich behindert?

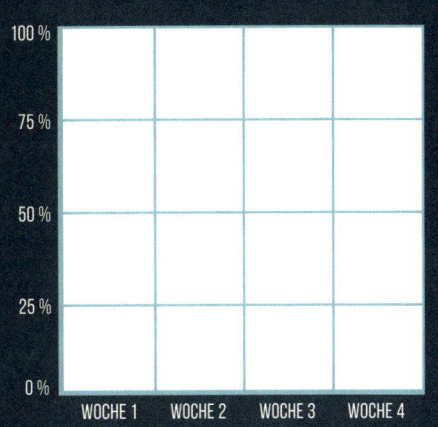

Wähle eine Farbe pro Frage und trage in den
Graph ein, zu wie viel Prozent dies zutrifft:

- [ ] Hast du deine Wochenziele erreicht?
- [ ] Hast du deine Aufgaben erledigt?
- [ ] Hast du deine Routinen eingehalten?

Was hast du gelernt und was bedeutet dies
für den nächsten Monat?

MONATSPLAN

MONTAG	DIENSTAG	MITTWOCH	DONNERSTAG	FREITAG

CHECK: MEINE ROUTINEN	1	2	3	4	5	6	7	8	9	10	11	12	13	14	15	16	17	18	19

SAMSTAG	SONNTAG

20	21	22	23	24	25	26	27	28	29	30	31

MEINE MONATSZIELE:

MEINE AUFGABENLISTE:

WOCHE

MEIN WOCHENZIEL:

DAS MACHE ICH DIESE WOCHE:

MO	
DI	
MI	
DO	
FR	
SA	
SO	

5 MINUTEN in der Natur zu sein verbessert laut Studien die Stimmung und das Selbstwertgefühl deutlich. Gehe diese Woche täglich 5 bis 20 Minuten ins Grüne, das fördert dein Immunsystem und baut Stress ab.

☐ MONTAG   ☐ FREITAG
☐ DIENSTAG   ☐ SAMSTAG
☐ MITTWOCH   ☐ SONNTAG
☐ DONNERSTAG

MO

DI

MI

DO

FR

SA

SO

GUT SCHLAFEN können immer weniger Menschen. Ein Schlafdefizit hat aber physische und psychische Folgen. Sorge daher für ideale Bedingungen: Schalte elektronische Geräte ab, auch dein Handy. Lösche alle Lichter, auch das deines Weckers. Eine Raumtemperatur von 15 bis 19 Grad Celsius soll ideal sein. Schlafe möglichst regelmäßig, lasse deine Haustiere nicht ins Bett und nutze es nur zum Schlafen. Iss keine großen Mahlzeiten vor dem Einschlafen und trinke keinen Alkohol. Aber am wichtigsten: Bleib gelassen, wenn das mit dem Ein- oder Durchschlafen mal nicht gleich klappt.

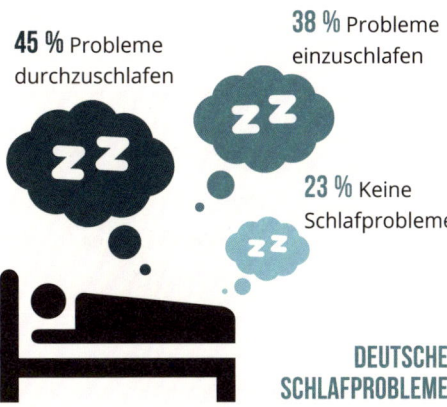

45 % Probleme durchzuschlafen

38 % Probleme einzuschlafen

23 % Keine Schlafprobleme

DEUTSCHE SCHLAFPROBLEME

WOCHE

MEIN WOCHENZIEL:

DAS TUE ICH DIESE WOCHE:

MO	
DI	
MI	
DO	
FR	
SA	
SO	

»MAN SOLL DEM LEIB ETWAS GUTES BIETEN, DAMIT DIE SEELE LUST HAT, DARIN ZU WOHNEN«

WINSTON CHURCHILL

Überlege dir diese Woche täglich eine Kleinigkeit, mit der du deinem Körper etwas Gutes tust.

MO	

DI	

MI	

DO	

FR	

SA	

SO	

MEIN WOCHENZIEL:

DAS TUE ICH DIESE WOCHE:

10.000 SCHRITTE

pro Tag sollen reichen, um fit und gesund zu bleiben. Mach diese Woche möglichst viele Schritte. Als Faustregel gilt: Eine halbe Stunde Spazierengehen ergibt rund 3.000 Schritte. Also: Hol die Brötchen zu Fuß, nimm die Treppe statt den Fahrstuhl oder steige eine Haltestelle früher aus und laufe ... Trage täglich die geschätzte Anzahl deiner Schritte rechts ein.

	2T	4T	6T	8T	10T
MO	•	•	•	•	•
DI	•	•	•	•	•
MI	•	•	•	•	•
DO	•	•	•	•	•
FR	•	•	•	•	•
SA	•	•	•	•	•
SO	•	•	•	•	•

WOCHE

MEIN WOCHENZIEL:

DAS TUE ICH DIESE WOCHE:

MO

DI

MI

DO

FR

SA

SO

----

20 % TÄTIGKEIT

80 % TÄTIGKEIT

80 % ERGEBNISSE

20 % ERGEBNISSE

DAS PARETO-PRINZIP

„Perfektion ist der Feind des Guten", heißt es. Und das ist belegt: Der italienische Ingenieur Vilfredo Pareto hat herausgefunden, dass du 80 % aller Ergebnisse mit 20 % deiner Tätigkeiten erreichst. Notiere links, welche Tätigkeiten und Ergebnisse dieser Woche zu diesen 80 % gehören.

AUSWERTUNG

Was lief gut? Worauf bist du besonders
stolz? Wer oder was hat dich unterstützt?

Was lief nicht so gut?
Wer oder was hat dich behindert?

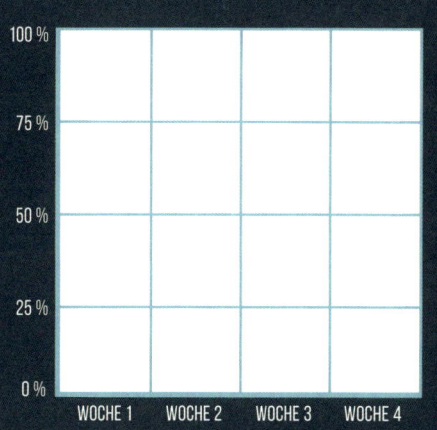

Was hast du gelernt und was bedeutet dies
für den nächsten Monat?

Wähle eine Farbe pro Frage und trage in den
Graph ein, zu wie viel Prozent dies zutrifft:

- ☐ Hast du deine Wochenziele erreicht?
- ☐ Hast du deine Aufgaben erledigt?
- ☐ Hast du deine Routinen eingehalten?

MONATSPLAN ----------------------------------

MONTAG	DIENSTAG	MITTWOCH	DONNERSTAG	FREITAG

CHECK: MEINE ROUTINEN	1	2	3	4	5	6	7	8	9	10	11	12	13	14	15	16	17	18	19

SAMSTAG

SONNTAG

MEINE MONATSZIELE:

MEINE AUFGABENLISTE:

20	21	22	23	24	25	26	27	28	29	30	31

WOCHE

MEIN WOCHENZIEL:

DAS MACHE ICH DIESE WOCHE:

MO

DI

MI

DO

FR

SA

SO

35 FUSSBALLFELDER

sollen weltweit pro Minute gerodet werden, um Palmölplantagen anzupflanzen. Das hat fatale Folgen für die Tier- und Pflanzenwelt, aber auch für das Klima und die Menschen vor Ort. Versuche diese Woche nur Lebensmittel, Kosmetik und andere Produkte ohne Palmöl zu kaufen. Die Datenbank der Kampagne Zero-Palmöl kann dir dabei helfen: www.zeropalmoel.de

MO	
DI	
MI	
DO	
FR	
SA	
SO	

MEIN WOCHENZIEL:

DAS MACHE ICH DIESE WOCHE:

ESSENSZEIT

Wie wichtig ist dir deine Ernährung? Das kannst du unter anderem daran ablesen, wie viel Stunden du dem Essen widmest. Prüfe dies, in dem du diese Woche täglich die Uhrzeiten rechts einträgst.

 MONTAG

DIENSTAG

 MITTWOCH

 DONNERSTAG

 FREITAG

SAMSTAG

 SONNTAG

»ES GIBT NIEMANDEN, DER NICHT ISST UND TRINKT. ABER NUR WENIGE, DIE DEN GESCHMACK ZU SCHÄTZEN WISSEN«, KONFUZIUS

WOCHE

MEIN WOCHENZIEL:

DAS TUE ICH DIESE WOCHE:

MO	
DI	
MI	
DO	
FR	
SA	
SO	

LEBENSMITTEL RETTEN

Rund 50 % aller Lebensmittel weltweit landen
im Müll. Das ist schlecht für die Natur, das
Klima – und grausam, wenn zugleich Millionen
von Menschen hungern. Prüfe diese Woche,
wie viele Lebensmittel du wegwirfst – und hake
rechts in der Checkliste ab, was du bereits tust,
um Lebensmittel vor der Mülltonne zu retten.

CHECKLISTE: LEBENSMITTEL RETTEN

- [ ] Ich kaufe nicht spontan, sondern geplant mit Einkaufszettel ein.
- [ ] Ich räume meinen Kühlschrank und mein Lebensmittellager auf. Ich stelle nach vorne, was bald verdirbt.
- [ ] Ich werfe nichts weg, nur weil das Mindesthaltbarkeitsdatum abgelaufen ist. Ich sehe, rieche, schmecke erst.
- [ ] Ich koche kreative Reste-Essen
- [ ] Ich kaufe Backwaren vom Vortag

MO	_____ _____ _____
DI	_____ _____ _____
MI	_____ _____ _____
DO	_____ _____ _____
FR	_____ _____ _____
SA	_____ _____ _____
SO	_____ _____ _____

MEIN WOCHENZIEL:

DAS TUE ICH DIESE WOCHE:

BIO, SAISONAL, REGIONAL UND VEGETARISCH

Wer sich so ernährt, kann schätzungsweise 20 % seiner CO_2-Emissionen einsparen. Das ist ziemlich viel, wenn man bedenkt, dass unsere Ernährung für rund 30 % aller Treibhausgase verantwortlich ist. Und wie sieht das bei dir aus? Gehe deine Mahlzeiten von heute durch und überlege dir, von wo deine Lebensmittel kommen, wie sie hergestellt wurden und was dies für die Menschen vor Ort, die Umwelt und das Klima bedeutet.

SO KAUFT DEUTSCHLAND EIN:

22 %
kaufen immer/häufig bio

49 %
kaufen gelegentlich bio

29 %
kaufen nie bio

WOCHE

MEIN WOCHENZIEL:

DAS TUE ICH DIESE WOCHE:

MO	

DI	

MI	

DO	

FR	

SA	

SO	

FINDE DEINEN RHYTHMUS

Jeder hat einen eigenen Rhythmus. Es gibt Stunden, in denen man sich gut konzentrieren kann und andere, in denen einem jede Energie fehlt. Trage diese Woche täglich deine Hoch- und Tiefphasen in diese Grafik ein. Gibt es typische Produktivzeiten? Und kannst du deinen Arbeitstag darauf einstellen?

AUSWERTUNG

Was lief gut? Worauf bist du besonders
stolz? Wer oder was hat dich unterstützt?

Was lief nicht so gut?
Wer oder was hat dich behindert?

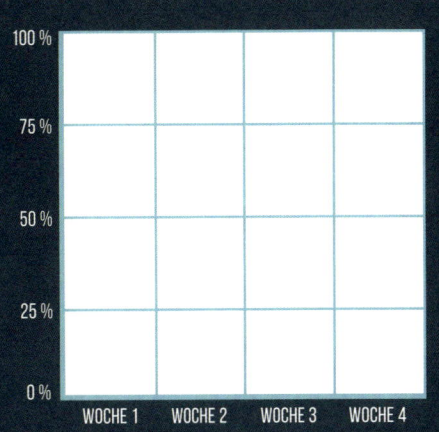

Was hast du gelernt und was bedeutet dies
für den nächsten Monat?

Wähle eine Farbe pro Frage und trage in den
Graph ein, zu wie viel Prozent dies zutrifft:

☐ Hast du deine Wochenziele erreicht?
☐ Hast du deine Aufgaben erledigt?
☐ Hast du deine Routinen eingehalten?

MONATSPLAN _____

MONTAG	DIENSTAG	MITTWOCH	DONNERSTAG	FREITAG

CHECK: MEINE ROUTINEN	1	2	3	4	5	6	7	8	9	10	11	12	13	14	15	16	17	18	19

SAMSTAG

SONNTAG

MEINE MONATSZIELE:

MEINE AUFGABENLISTE:

20	21	22	23	24	25	26	27	28	29	30	31

WOCHE

MEIN WOCHENZIEL:

DAS MACHE ICH DIESE WOCHE:

MO	
DI	
MI	
DO	
FR	
SA	
SO	

15 HOSEN · **22 OBERTEILE** · **10 RÖCKE/ KLEIDER** · **30 TSHIRT U.Ä.** · **9 JACKEN/ MÄNTEL** · **16 PAAR SCHUHE**

RUND 100 KLEIDUNGSSTÜCKE hat jeder Deutsche laut Greenpeace im Schnitt. Davon tragen wir 40 % nie bis selten! Stell dir mal vor, wie viel Energie, Wasser und giftige Chemikalien wir uns sparen könnten, würden wir diese Kleidung gar nicht erst kaufen. Geh diese Woche deinen Schrank durch und trage die Anzahl deiner Kleidungsstücke ein.

WOCHE

MO	
DI	
MI	
DO	
FR	
SA	
SO	

MEIN WOCHENZIEL:

DAS MACHE ICH DIESE WOCHE:

ERKUNDUNG

Wähle einen Tag, an dem du alles hier hinein zeichnest, was du kaufst ODER verbrauchst.

WOCHE

MEIN WOCHENZIEL:

DAS TUE ICH DIESE WOCHE:

MO

DI

MI

DO

FR

SA

SO

MO	
DI	
MI	
DO	
FR	
SA	
SO	

MEIN WOCHENZIEL:

DAS TUE ICH DIESE WOCHE:

LEBE MINIMALISTISCH(ER)

Finde diese Woche 5 Dinge, die du über ein Jahr nicht mehr genutzt hast und nicht mehr brauchst. Verschenke sie:

AN

AN

AN

AN

AN

»AUF ETWAS ZU VERZICHTEN, WAS ICH NICHT BRAUCHE, MACHT MICH NICHT ÄRMER, SONDERN FREIER.«
UNBEKANNT

WOCHE

MEIN WOCHENZIEL:

DAS TUE ICH DIESE WOCHE:

MO	
DI	
MI	
DO	
FR	
SA	
SO	

 **AUSLÖSER** Jede Gewohnheit hat ihren Auslöser. Was ist deiner?

 **MOTIVATION** Neue Routinen erfordern Motivation. Warum ist es wichtig, dass du dranbleibst?

 **SCHRITTWEISE** Am einfachsten ist es, wenn du eine Routine nach der anderen änderst. Im Schnitt dauert es 85 Tage bis etwas zur Gewohnheit geworden ist.

ROUTINEN-CHECK
Wir haben bereits über die Bedeutung von Routinen geschrieben: Es verändert dich, dein Umfeld und die Welt radikal, wenn du ungute Gewohnheiten aufgibst und durch positive ersetzt. Zeit, noch mal auf deine Liste mit möglichen neuen Gewohnheiten auf Seite 33 zu schauen: Bist du dran und hälst du durch? Nutzt du den Routinen-Checker in deiner Monatsplanung?

Was lief gut? Worauf bist du besonders
stolz? Wer oder was hat dich unterstützt?

Was lief nicht so gut?
Wer oder was hat dich behindert?

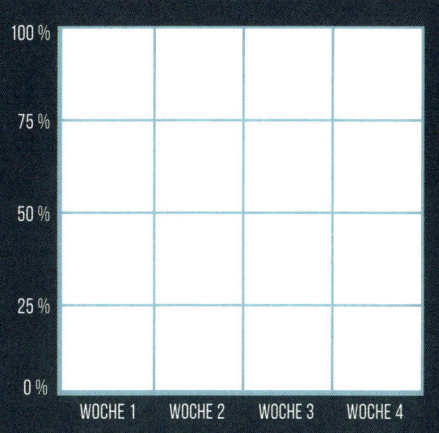

Wähle eine Farbe pro Frage und trage in den
Graph ein, zu wie viel Prozent dies zutrifft:
- ☐ Hast du deine Wochenziele erreicht?
- ☐ Hast du deine Aufgaben erledigt?
- ☐ Hast du deine Routinen eingehalten?

Was hast du gelernt und was bedeutet dies
für den nächsten Monat?

MONATSPLAN

MONTAG	DIENSTAG	MITTWOCH	DONNERSTAG	FREITAG

CHECK: MEINE ROUTINEN	1	2	3	4	5	6	7	8	9	10	11	12	13	14	15	16	17	18	19

SAMSTAG

SONNTAG

MEINE MONATSZIELE:

MEINE AUFGABENLISTE:

20	21	22	23	24	25	26	27	28	29	30	31

WOCHE

MEIN WOCHENZIEL:

DAS MACHE ICH DIESE WOCHE:

MO	_____ _____ _____
DI	_____ _____ _____
MI	_____ _____ _____
DO	_____ _____ _____
FR	_____ _____ _____
SA	_____ _____ _____
SO	_____ _____ _____

NUTZUNG: 10,45 KG CO_2
PRODUKTION: 80,75 KG CO_2

Durchschnittlich nutzen wir ein Smartphone nur zwei Jahre. Dabei verbraucht die Produktion viel mehr CO_2 als die Nutzung. Behalte also dein Handy möglichst lange und kaufe es gebraucht.

HANDY SPENDEN

Viele Umweltschutz- und Hilfsorganisationen nehmen alte Handys mittlerweile als eine Art Spende entgegen. Das ist gut für die Umwelt und die Organisationen. Suche diese Woche doch mal alle alten Handys zusammen und sende sie an eine Organisation deiner Wahl. Tipp: Setze dein Handy vorher zurück!

| MO | ------------------- ------------------- ------------------- |

MEIN WOCHENZIEL:

DAS MACHE ICH DIESE WOCHE:

| DI | ------------------- ------------------- ------------------- |

| MI | ------------------- ------------------- ------------------- |

| DO | ------------------- ------------------- |

| FR | ------------------- ------------------- ------------------- |

| SA | ------------------- ------------------- ------------------- |

| SO | ------------------- ------------------- ------------------- |

CHECKLISTE: KAUFE UNVERPACKT

- ☐ Ich kaufe nicht spontan ein, sondern geplant und mit Einkaufszettel.
- ☐ Ich besorge mir Beutel und Behälter für Backwaren, Obst, Gemüse und anderes.
- ☐ Ich lasse mir meine Sachen auf dem Wochenmarkt, im Bäckerladen oder an der Frischetheke in meine Behälter geben.
- ☐ Kann ich nicht verpackungsfrei einkaufen, wähle ich recycelbare Verpackungen, etwa aus Glas, Pappe oder Metall.

VERPACKUNGSFREI EINKAUFEN

Die Verpackungsflut nimmt zu. Vor allem Plastikverpackungen sind ein Umweltproblem. Versuche diese Woche verpackungsfrei(er) einzukaufen und prüfe links, was du schon tust.

WOCHE

MEIN WOCHENZIEL:

DAS TUE ICH DIESE WOCHE:

MO

DI

MI

DO

FR

SA

SO

MÜLL-INVENTUR
Eine Müll-Inventur ist ziemlich einfach –
und ganz schön wirkungsvoll: Sammle eine
Woche lang all deinen Müll und breite ihn am
Ende der Woche vor dir aus. Überrascht dich
die Menge? Gehe die Sachen durch und überlege, welchen Müll du vermeiden könntest.

MO

——————————————

DI

——————————————

MI

——————————————

DO

——————————————

FR

——————————————

SA

——————————————

SO

——————————————

MEIN WOCHENZIEL:

DAS TUE ICH DIESE WOCHE:

MIXE PUTZMITTEL

Putzmittel selbst zu machen ist ziemlich leicht. Probiere es einfach mal mit diesem Allzweckreiniger: Löse 1 EL Soda in 80 ml kochendem Wasser auf. Gib nach etwa 5 Minuten 1 TL Zitronensäure (Pulver) dazu und rühre alles um. Zum Schluss kommen noch 4 EL flüssige Schmierseife dazu – und schon ist dein Allzweckreiniger fertig. Fülle ihn in eine gebrauchte, leere Sprühflasche und beschrifte sie.

Mit Seife und Spiritus gegen Fett, sowie Essig oder Zitronensäure gegen Kalk kriegst du fast alles bei dir zuhause blitzblank. Dabei sparst du jede Menge Geld, Plastikverpackung und schonst obendrein die Natur.

WOCHE

MEIN WOCHENZIEL:

DAS TUE ICH DIESE WOCHE:

MO	
DI	
MI	
DO	
FR	
SA	
SO	

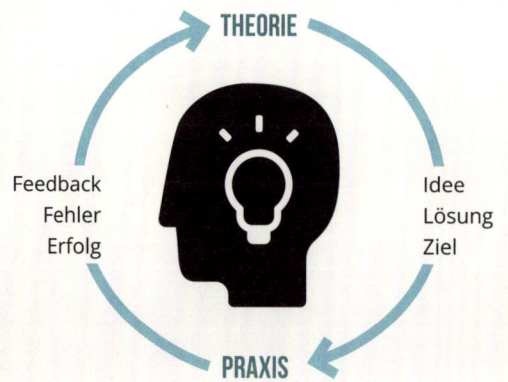

THEORIE

Feedback
Fehler
Erfolg

Idee
Lösung
Ziel

PRAXIS

TESTE SCHNELL UND VIEL

Oft denken wir, wir müssten viel Zeit in einen genau durchdachten Plan stecken, den wir dann „nur noch" ausführen. Doch wir können nicht alles vorhersehen. Daher solltest du lieber möglichst schnell testen, ob eine Idee oder Lösung in der Praxis tatsächlich so funktioniert, wie du dir das gedacht hast. Dafür gibt es viele Möglichkeiten: Erzähle anderen davon, mach eine Skizze, baue einen Prototypen oder teste sie im Kleinen. Mach das diese Woche mit mindestens einer deiner Ideen.

Was lief gut? Worauf bist du besonders
stolz? Wer oder was hat dich unterstützt?

Was lief nicht so gut?
Wer oder was hat dich behindert?

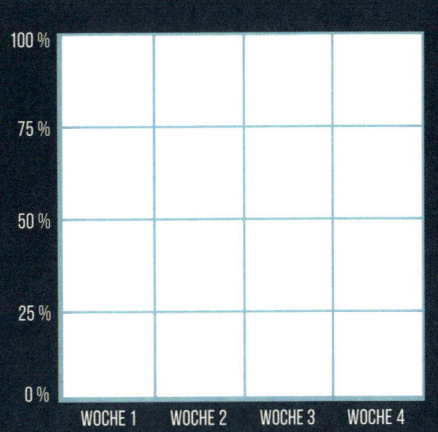

Was hast du gelernt und was bedeutet dies
für den nächsten Monat?

Wähle eine Farbe pro Frage und trage in den
Graph ein, zu wie viel Prozent dies zutrifft:

- ☐ Hast du deine Wochenziele erreicht?
- ☐ Hast du deine Aufgaben erledigt?
- ☐ Hast du deine Routinen eingehalten?

MONATSPLAN _____

MONTAG	DIENSTAG	MITTWOCH	DONNERSTAG	FREITAG

CHECK: MEINE ROUTINEN	1	2	3	4	5	6	7	8	9	10	11	12	13	14	15	16	17	18	19

SAMSTAG

SONNTAG

MEINE MONATSZIELE:

MEINE AUFGABENLISTE:

20	21	22	23	24	25	26	27	28	29	30	31

WOCHE

MEIN WOCHENZIEL:

DAS MACHE ICH DIESE WOCHE:

MO	_____
DI	_____
MI	_____
DO	_____
FR	_____
SA	_____
SO	_____

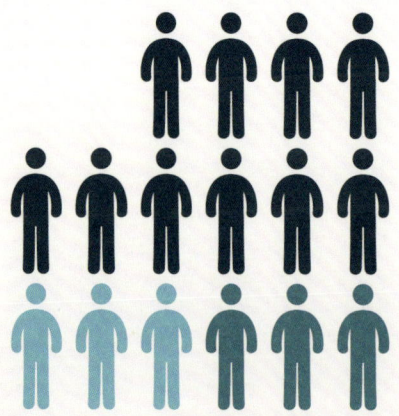

6 FREUNDE
3 WAHRE FREUNDE
10 VERWANDTE MIT REGELMÄSSIGEM KONTAKT

haben Deutsche im Durchschnitt. Und wie sieht es bei dir aus? Wähle drei Freunde oder Verwandte aus. Überlege dir, welche Rolle sie in deinem Leben spielen und sage ihnen, warum sie dir wichtig sind. Lade sie zum Essen ein, schreibe ihnen einen Brief oder rufe sie an.

WOCHE

MO	------------------------ ------------------------ ------------------------
DI	------------------------ ------------------------ ------------------------
MI	------------------------ ------------------------ ------------------------
DO	------------------------ ------------------------ ------------------------
FR	------------------------ ------------------------ ------------------------
SA	------------------------ ------------------------ ------------------------
SO	------------------------ ------------------------ ------------------------

MEIN WOCHENZIEL:

DAS MACHE ICH DIESE WOCHE:

HALLO NACHBAR!

Nichts geht über eine gute Nachbarschaft:
Man kann sich Dinge ausleihen und im Notfall
gegenseitig helfen. Wie sieht es bei dir aus?
Kennst du deine Nachbarn? Wenn nicht, dann
probiere doch mal aus, was passiert, wenn
du einfach nebenan klingelst und ihnen sagst,
dass sie sich jederzeit an dich wenden können, wenn sie irgendwelche Hilfe brauchen.

WOCHE

MEIN WOCHENZIEL:

DAS TUE ICH DIESE WOCHE:

MO	
DI	
MI	
DO	
FR	
SA	
SO	

VERSCHENKE-KISTE

Manche Dinge sind einfach zu schade, um im Keller oder hinten im Schrank zu versauern oder im Müll zu landen. Initiiere diese Woche eine Verschenkekiste in deiner Nachbarschaft: Stell einen Karton ins Treppenhaus oder baue mit deinen Nachbarn einen Verschenkeschrank. Wichtig: Ein solcher Schrank ist schnell gebaut – braucht aber eine Gruppe von Menschen, die dran bleibt und ihn sauber und intakt hält. Mehr Infos: www.givebox.eu

WOCHE

MO	
DI	
MI	
DO	
FR	
SA	
SO	

MEIN WOCHENZIEL:

DAS TUE ICH DIESE WOCHE:

ANDEREN VERZEIHEN

tut der Seele und dem Körper gut. Versuche es diese Woche daher mal. Dabei können dir folgende Tipps helfen:

1. Erkenne, was genau es zu verzeihen gibt.
2. Schreibe das Unrecht auf.
3. Zerreiße/verbrenne danach den Zettel.
4. Sag dem Foto der Person, du verzeihst ihr.
5. Nimm die Sicht der anderen Person ein.
6. Lass die Vorstellung los, andere müssten für ihr Handeln bestraft werden.

»DU UND ICH - WIR SIND EINS.
ICH KANN DIR NICHT WEHTUN,
OHNE MICH ZU VERLETZEN.«
MAHATMA GANDHI

WOCHE

MEIN WOCHENZIEL:

DAS TUE ICH DIESE WOCHE:

MO

DI

MI

DO

FR

SA

SO

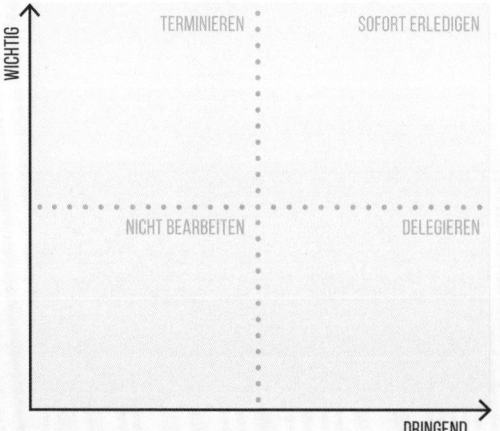

ERKENNE DEINE PRIORITÄTEN

In der Hektik des Alltags ist es nicht so einfach, die wirklich wichtigen Dinge im Blick zu behalten. Viele kleine Aufgaben, Gefälligkeiten, Sachzwänge und Erwartungen bringen uns davon ab. Für einen klaren Fokus sorgt die Eisenhower-Matrix, benannt nach dem ehemaligen US-Präsidenten. Ordne die Aufgaben dieser Woche zu: Wichtig ist alles, was dich deinen Zielen (Seite 30 ff.) näher bringt. Dringend ist eine Aufgabe, wenn sie ihren Sinn bald verliert, falls du sie nicht machst.

Was lief gut? Worauf bist du besonders
stolz? Wer oder was hat dich unterstützt?

Was lief nicht so gut?
Wer oder was hat dich behindert?

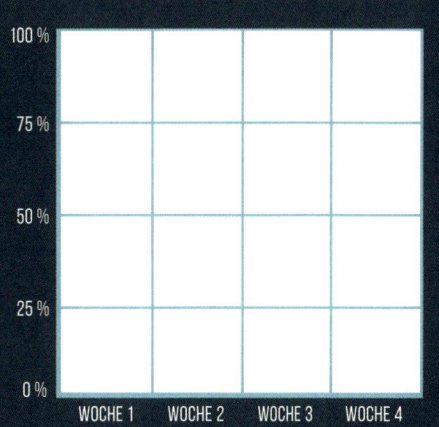

Wähle eine Farbe pro Frage und trage in den
Graph ein, zu wie viel Prozent dies zutrifft:

- Hast du deine Wochenziele erreicht?
- Hast du deine Aufgaben erledigt?
- Hast du deine Routinen eingehalten?

Was hast du gelernt und was bedeutet dies
für den nächsten Monat?

MONATSPLAN

MONTAG	DIENSTAG	MITTWOCH	DONNERSTAG	FREITAG

CHECK: MEINE ROUTINEN	1	2	3	4	5	6	7	8	9	10	11	12	13	14	15	16	17	18	19

SAMSTAG	SONNTAG

MEINE MONATSZIELE:

MEINE AUFGABENLISTE:

20	21	22	23	24	25	26	27	28	29	30	31

WOCHE

MEIN WOCHENZIEL:

DAS MACHE ICH DIESE WOCHE:

MO	
DI	
MI	
DO	
FR	
SA	
SO	

300 MILLIONEN QUADRATMETER

Dachfläche gibt es in Deutschland alleine auf
Nichtwohngebäuden, die sich bepflanzen lie-
ßen. Das könnten wichtige Ersatzlebensräume
für Pflanzen und Tiere sein. Es würde die Luft in
den Städten verbessern und rund 28 Millionen
Tonnen CO_2 speichern – das wären etwa 80 %
der industriellen Emissionen Deutschlands!
Kennst du eine Dachfläche, die sich begrünen
ließe? Und kannst du etwas tun, um dies zu
ermöglichen?

MO	

MEIN WOCHENZIEL:

DI	

DAS MACHE ICH DIESE WOCHE:

MI	

DO	

FR	

SA	

SO	

NATURFREUDE

Schenke dir eine halbe Stunde in der Natur, betrachte eine Pflanze und notiere dir fünf Dinge, die du von ihr lernen kannst:

»GLÜCK BESTEHT IN DER KUNST, SICH NICHT ZU ÄRGERN, DASS DER ROSENSTRAUCH DORNEN TRÄGT. SONDERN SICH ZU FREUEN, DASS DER DORNENSTRAUCH ROSEN TRÄGT.«
ARABISCHES SPRICHWORT

WOCHE

MEIN WOCHENZIEL:

DAS TUE ICH DIESE WOCHE:

MO	
DI	
MI	
DO	
FR	
SA	
SO	

WILDE ORTE

Wir Menschen verdrängen die Wildnis immer mehr. Allein in Nordrhein-Westfalen soll in den letzten 15 Jahren die Zahl der Insekten um 80 % zurückgegangen sein. Schaffe diese Woche Lebensraum in deiner Umgebung: Baue ein Insektenhotel, ein Vogelhäuschen oder säe auf einer Baumscheibe, einer Verkehrsinsel oder einem Grünstreifen Blumen aus, die Bienen, Schmetterlingen und anderen Insekten Nahrung bieten.

MATERIALLISTE FÜR EINEN WILDEN ORT:

MO	
DI	
MI	
DO	
FR	
SA	
SO	

MEIN WOCHENZIEL:

DAS TUE ICH DIESE WOCHE:

Erkennst du die Blätter? Schreibe die dazu gehörende Baumart auf (Auflösung siehe Seite 144).

WOCHE

MEIN WOCHENZIEL:

DAS TUE ICH DIESE WOCHE:

MO	
DI	
MI	
DO	
FR	
SA	
SO	

STRIKTES NEIN Bei einem „Nein" erwarten die meisten eine Begründung. Nimm dir ruhig Bedenkzeit: Du musst nicht immer sofort „ja" oder „nein" sagen. Oder schränke dein Ja ein:

BEDINGTES NEIN
Schränke deine
Zusage zeitlich ein.

PARTIELLES NEIN
Sage nur zu einem von
dir bestimmten Teil „Ja".

NEIN SAGEN ÜBEN
Fast jeder kennt das: Es ist schwer, anderen eine Bitte abzuschlagen. Doch manchmal kostet uns dieses Unvermögen viel Zeit – Zeit, die uns dann fehlt, unsere eigenen Ideen und Träume zu verwirklichen. Links findest du Tipps zum Nein-Sagen. Probiere sie diese Woche alle mal aus. Hast du danach ein schlechtes Gewissen? Dann setz das Warum-Monster darauf an, warum das so ist (Seite 14).

Was lief gut? Worauf bist du besonders
stolz? Wer oder was hat dich unterstützt?

Was lief nicht so gut?
Wer oder was hat dich behindert?

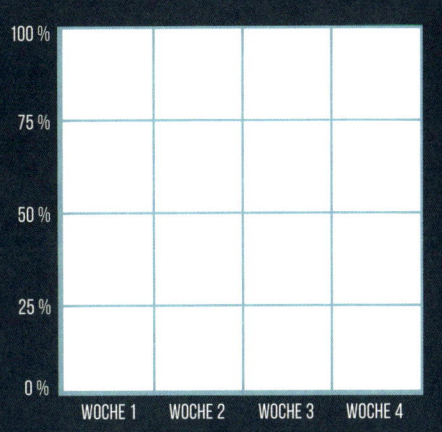

Was hast du gelernt und was bedeutet dies
für den nächsten Monat?

Wähle eine Farbe pro Frage und trage in den
Graph ein, zu wie viel Prozent dies zutrifft:

- Hast du deine Wochenziele erreicht?
- Hast du deine Aufgaben erledigt?
- Hast du deine Routinen eingehalten?

MONATSPLAN

MONTAG	DIENSTAG	MITTWOCH	DONNERSTAG	FREITAG

CHECK: MEINE ROUTINEN	1	2	3	4	5	6	7	8	9	10	11	12	13	14	15	16	17	18	19

SAMSTAG	SONNTAG

MEINE MONATSZIELE:

MEINE AUFGABENLISTE:

20	21	22	23	24	25	26	27	28	29	30	31

WOCHE

MEIN WOCHENZIEL:

DAS MACHE ICH DIESE WOCHE:

MO	....
	....
	....
DI	....
	....
	....
MI	....
	....
	....
DO	....
	....
	....
FR	....
	....
	....
SA	....
	....
	....
SO	....
	....
	....

45 % Entspannung **59 %** Umweltschutz **65 %** Gesundheit

BIS ZU 7 STUNDEN fahren 72 % der Deutschen im Schnitt pro Woche Fahrrad. Warum? Das siehst du oben. Fahre diese Woche so viele Wege wie möglich mit dem Fahrrad.

CHECKLISTE: DA RADEL ICH HIN

- ☐ Zur Arbeit
- ☐ Zum Einkaufen
- ☐ Zum Sport
- ☐ Zur Schule/Uni
- ☐ Zum Kindergarten
- ☐ Zur Post
- ☐ Zur Kneipe
- ☐ Zum Kino
- ☐ Zum Frisör
- ☐ Zum/r Freund/in
- ☐ Zum Bäcker
- ☐ Zur Bücherei
- ☐ Zum Kiosk
- ☐ Zur Sauna
- ☐ Zum Garten
- ☐ Zu den Eltern
- ☐ Zur/m Oma/Opa
- ☐ Zum See/Berg
- ☐ ....
- ☐ ....

WOCHE

MO	

MEIN WOCHENZIEL:

DAS MACHE ICH DIESE WOCHE:

DI	

MI	

DO	

FR	

SA	

SO	

SLOW TRAVELLING

Plane diese Woche einen Wochenendaus-
flug, der so langsam ist wie möglich: Reise
langsam, genieße den Weg, entdecke Neues
und habe am besten kein Ziel.

DATUM:

DAUER:

STARTPUNKT:

ICH REISE: ☐ ZU FUSS ☐ PER RAD ☐ MIT ÖPNV

»EINE KLEINE REISE IST
GENUG, UM UNS UND
DIE WELT ZU ERNEUERN.«
MARCEL PROUST

WOCHE

MEIN WOCHENZIEL:

DAS TUE ICH DIESE WOCHE:

MO	
DI	
MI	
DO	
FR	
SA	
SO	

Fahrrad

Auto

ÖPNV

Zug

Flugzeug

Zu Fuß

BEWEGUNGSRADIUS

Prüfe eine Woche lang, wie viele Kilometer du auf welche Weise zurücklegst und trage die Zahlen links ein. Was denkst du am Ende der Woche: Kannst du deine Mobilität nachhaltiger gestalten?

MO

DI

MI

DO

FR

SA

SO

MEIN WOCHENZIEL:

DAS TUE ICH DIESE WOCHE:

CO_2-QUIZ Unsere Mobilität sorgt für 23 % aller CO_2-Emissionen. Wie gut kennst du dich aus (Auflösung siehe Seite 144)?

1. Wie viel Tonnen CO_2 dürfte jeder von uns eigentlich jährlich verbrauchen?
■ 2 T   ■ 5 T   ■ 12 T   ■ 23 T

2. Wie viel Tonnen CO_2 könnten wir sparen, wenn wir alle Autofahrten bis 1 km radeln?
■ 0,7 Mio.   ■ 2,5 Mio.   ■ 3,7 Mio.   ■ 4 Mio.

3. Wie viel Tonnen CO_2 erzeugt ein Flug in die Dominikanische Republik?
■ 1,7 T   ■ 2,4 T   ■ 4,7 T   ■ 6,2 T

4. Wie viel Tonnen CO_2 könnten wir sparen, würden wir so viel Rad fahren wie die Niederländer (nämlich 1.000 km/Kopf und Jahr)?
■ 3 Mio.   ■ 5 Mio.   ■ 10 Mio.   ■ 14 Mio.

WOCHE

MEIN WOCHENZIEL:

DAS TUE ICH DIESE WOCHE:

MO
_____
_____
_____

DI
_____
_____
_____

MI
_____
_____

DO
_____
_____

FR
_____
_____
_____

SA
_____
_____
_____

SO
_____
_____
_____

PLANEN — Ziele, Strategien, Tests

KREATIVITÄT — Ideen, Träume, Visionen

HANDELN — Umsetzung, Ressourcen, Kontrolle

REFLEXION — Auswertung, Innehalten, Rückschau

FAUL SEIN IST WICHTIG!

Wir leben in einer Gesellschaft, in der Leistung und Selbstoptimierung unser höchstes Ideal zu sein scheinen. Dabei brauchen Reflexion und Kreativität vor allem eines: Muße, Ruhe, Zeiten des vermeintlichen Nichtstuns! Ohne Reflexion und Kreativität kannst du die Welt nicht verändern und endest womöglich in blindem Aktionismus (siehe auch Seite 74). Im Idealfall gestaltest du daher deine Tage, Wochen und Monate so, dass du gleich viel Zeit und Budget für alle vier Phasen links einplanst. Prüfe diese Woche, wie es bei dir aussieht.

AUSWERTUNG

Was lief gut? Worauf bist du besonders stolz? Wer oder was hat dich unterstützt?

Was lief nicht so gut? Wer oder was hat dich behindert?

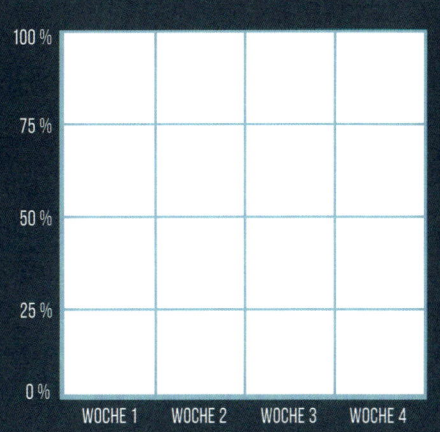

Was hast du gelernt und was bedeutet dies für den nächsten Monat?

Wähle eine Farbe pro Frage und trage in den Graph ein, zu wie viel Prozent dies zutrifft:

- ☐ Hast du deine Wochenziele erreicht?
- ☐ Hast du deine Aufgaben erledigt?
- ☐ Hast du deine Routinen eingehalten?

MONATSPLAN

MONTAG	DIENSTAG	MITTWOCH	DONNERSTAG	FREITAG

CHECK: MEINE ROUTINEN	1	2	3	4	5	6	7	8	9	10	11	12	13	14	15	16	17	18	19

SAMSTAG **SONNTAG**

MEINE MONATSZIELE:

MEINE AUFGABENLISTE:

| 20 | 21 | 22 | 23 | 24 | 25 | 26 | 27 | 28 | 29 | 30 | 31 |

WOCHE

MEIN WOCHENZIEL:

DAS MACHE ICH DIESE WOCHE:

MO	
DI	
MI	
DO	
FR	
SA	
SO	

POLITISCHES ENGAGEMENT ist auf vielerlei Weise möglich. Was hast du schon gemacht? Und was käme für dich vielleicht noch infrage? Rechts siehst du, was die Deutschen im Schnitt darauf geantwortet haben.

JA NEIN

94 %	Teilnahme an Wahlen
78 %	Volksentscheid, Bürgerbegehren
68 %	Abstimmung: Infrastrukturprojekte
47 %	Demonstrationen
39 %	Bürgerforum, Zukunftswerkstatt
34 %	Mitglied einer Bürgerinitiative
30 %	Mitglied einer Partei

WOCHE

MO
_____
_____

DI
_____
_____

MI
_____
_____

DO
_____
_____

FR
_____
_____

SA
_____
_____

SO
_____
_____

MEIN WOCHENZIEL:

DAS MACHE ICH DIESE WOCHE:

PETITIONSMARATHON

Gibt es ein gesellschaftliches Thema, das dir am Herzen liegt? Hast du Forderungen an unsere Politiker? Mittels Online-Petitionen kann jeder von uns heute ziemlich leicht seinen politischen Willen kundtun. Suche dir diese Woche mindestens drei Online-Petitionen aus, die du unterstützen möchtest. Oder starte sogar eine eigene.

WOCHE

MEIN WOCHENZIEL:

DAS TUE ICH DIESE WOCHE:

MO	
DI	
MI	
DO	
FR	
SA	
SO	

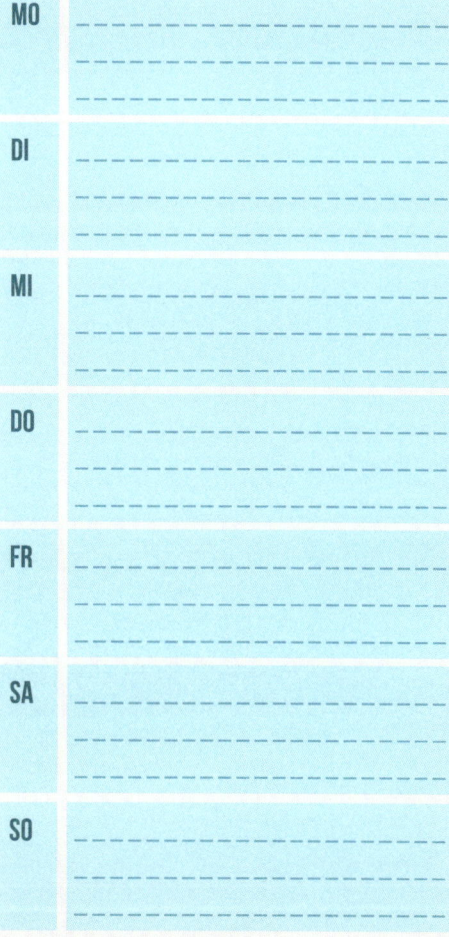

98,6 %   33,5 %

EHRENAMTLICH ENGAGIEREN

98,6% der Menschen in Deutschland finden, dass es wichtig ist, sich ehrenamtlich zu engagieren – doch nur 33,5% tun es tatsächlich! Wie sieht es mit dir aus: Wofür könntest du dich (diese Woche) ehrenamtlich engagieren?

MO	
DI	
MI	
DO	
FR	
SA	
SO	

MEIN WOCHENZIEL:

DAS TUE ICH DIESE WOCHE:

WAS BEWIRKST DU?

Wie groß schätzt du die positiven Wirkungen
deines bisherigen Handelns ein auf ...

Individueller Wandel: ... dich

Sozialer Wandel: ... dein Umfeld

Ökologischer Wandel: ... die Umwelt

»SO GUT WIE IMMER HAT
DIE KREATIV ENGAGIERTE
MINDERHEIT DIE WELT IN EINEN
BESSEREN ORT VERWANDELT.«
MARTIN LUTHER KING

WOCHE

MEIN WOCHENZIEL:

DAS TUE ICH DIESE WOCHE:

MO ------------------------

DI ------------------------

MI ------------------------

DO ------------------------

FR ------------------------

SA ------------------------

SO ------------------------

SCHRITT 1 Liste alle Informationsspeicher auf, die du hast.

SCHRITT 2 Bestimme alle Inhaltsarten, die du hast: Termine, Aufgaben, Fragen, Ideen, Anfragen, Notizen etc.

SCHRITT 3 Finde einen Speicher für alle oder zumindest mehrere Inhaltsarten. Lege ein einheitliches Ordnungssystem (innerhalb jeden Speichers) fest.

ANTI-VERZETTEL-TRICK

Die meisten Menschen verlieren viel Zeit durch Verzettelung: Hier ein Notizbuch, dort ein Kalender, hier eine Listen-App, dort eine Excel-Tabelle ... So verlierst du den Überblick und viel, viel Zeit. Investiere diese Woche täglich 15 Minuten, um dir einen Anti-Verzettelungsplan zu machen und deine Selbstorganisation zu verbessern.

Was lief gut? Worauf bist du besonders
stolz? Wer oder was hat dich unterstützt?

Was lief nicht so gut?
Wer oder was hat dich behindert?

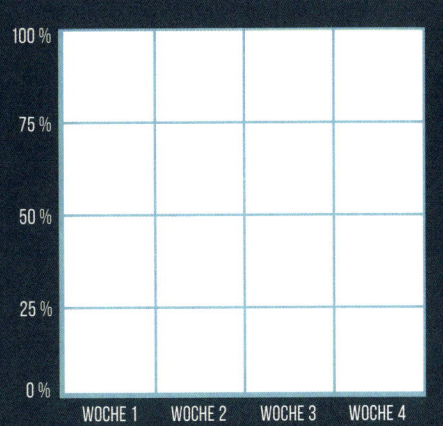

Was hast du gelernt und was bedeutet dies
für den nächsten Monat?

Wähle eine Farbe pro Frage und trage in den
Graph ein, zu wie viel Prozent dies zutrifft:

- [ ] Hast du deine Wochenziele erreicht?
- [ ] Hast du deine Aufgaben erledigt?
- [ ] Hast du deine Routinen eingehalten?

MONATSPLAN

MONTAG	DIENSTAG	MITTWOCH	DONNERSTAG	FREITAG

CHECK: MEINE ROUTINEN	1	2	3	4	5	6	7	8	9	10	11	12	13	14	15	16	17	18	19

SAMSTAG

SONNTAG

MEINE MONATSZIELE:

MEINE AUFGABENLISTE:

20	21	22	23	24	25	26	27	28	29	30	31

WOCHE

MEIN WOCHENZIEL:

DAS MACHE ICH DIESE WOCHE:

MO	
DI	
MI	
DO	
FR	
SA	
SO	

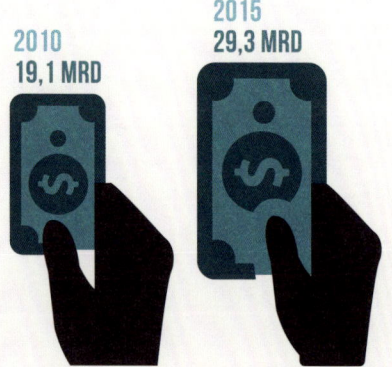

2010
19,1 MRD

2015
29,3 MRD

KRÖTENWANDERUNG

Die Einlagen bei Ethik- und Umweltbanken steigen seit Jahren kontinuierlich. Nichtsdestotrotz könnte es natürlich noch viel, viel mehr sein. Wie sieht es bei dir aus? Wenn du noch nicht bei einer solchen Bank bist, dann lass deine Kröten doch mal wandern. Die Banken bieten spezielle Services an, um einen Wechsel – etwa des Giro-Kontos – zu vereinfachen. Bekannte Alternativbanken sind etwa die GLS, die Ethik-bank, die Umweltbank oder die Triodos Bank. Tipps: www.attac.de/kampagnen/bankwechsel

MO

DI

MI

DO

FR

SA

SO

MEIN WOCHENZIEL:

DAS MACHE ICH DIESE WOCHE:

CLICKTIVISM Über Services wie Gooding, boost oder Bildungsspender kannst du pro Online-Einkauf kostenlos spenden.

SPENDEN Schon kleine Beträge können gemeinnützige Organisationen unterstützen.

CROWDFUNDING Über Online-Plattformen wie Startnext oder ecocrowd sammeln Sozialunternehmen Kleinstbeträge, um ihre Ideen zu finanzieren.

MÄCHTIGE MÄUSE
Viele verbinden mit dem Wort „Geld" etwas Schmutziges, Belastendes oder auch Korrumpierendes. Dabei kann man mit Geld viel Gutes bewirken – auch schon mit kleinen Mengen. Überlege diese Woche, ob du von den Vorschlägen links etwas umsetzen möchtest.

WOCHE

MEIN WOCHENZIEL:

DAS TUE ICH DIESE WOCHE:

MO	
DI	
MI	
DO	
FR	
SA	
SO	

LEBE GELDFREI(ER)

Geldfreie Räume in deinem Leben bescheren dir Unabhängigkeit und soziale Verbindungen. Probiere eine Woche lang kein Geld auszugeben: Du wirst sehen, dass du kreativ werden und dich an andere Menschen wenden musst – um etwas zu leihen oder zu tauschen oder gar, um dich einladen zu lassen. Eine interessante Erfahrung, die dir viel über die Art und Weise verrät, wie unsere Gesellschaft so tickt.

MO	
DI	
MI	
DO	
FR	
SA	
SO	

MEIN WOCHENZIEL:

DAS TUE ICH DIESE WOCHE:

Was würdest du tun, wenn Geld keine Rolle spielte? Gibt es einen ersten Schritt dorthin, den du diese Woche tun könntest?

**»WOZU IST GELD GUT, WENN NICHT, UM DIE WELT ZU VERBESSERN?«
ELIZABETH TAYLOR**

WOCHE

MEIN WOCHENZIEL:

DAS TUE ICH DIESE WOCHE:

MO	
DI	
MI	
DO	
FR	
SA	
SO	

AUFGABENBEREICHE 0 % 100 %

→
→
→
→
→
→
→
→

Schätze, zu wie viel Prozent du deine Aufgabenbereiche (Seite 30 ff.) bereits erledigt hast.

Was lief gut? Worauf bist du besonders
stolz? Wer oder was hat dich unterstützt?

Was lief nicht so gut?
Wer oder was hat dich behindert?

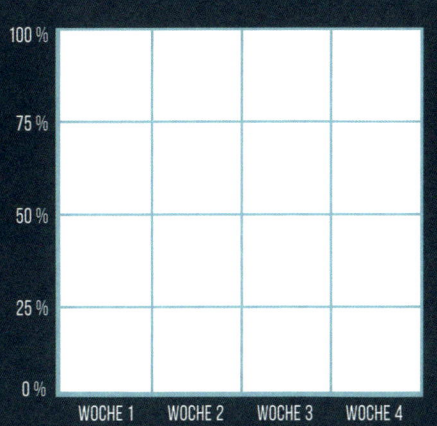

Was hast du daraus und was bedeutet dies
für den nächsten Monat?

Wähle eine Farbe pro Frage und trage in den
Graph ein, zu wie viel Prozent dies zutrifft:

☐ Hast du deine Wochenziele erreicht?
☐ Hast du deine Aufgaben erledigt?
☐ Hast du deine Routinen eingehalten?

MONATSPLAN

MONTAG	DIENSTAG	MITTWOCH	DONNERSTAG	FREITAG

CHECK: MEINE ROUTINEN	1	2	3	4	5	6	7	8	9	10	11	12	13	14	15	16	17	18	19

SAMSTAG	SONNTAG

MEINE MONATSZIELE:

MEINE AUFGABENLISTE:

20	21	22	23	24	25	26	27	28	29	30	31

WOCHE

MEIN WOCHENZIEL:

DAS MACHE ICH DIESE WOCHE:

MO

DI

MI

DO

FR

SA

SO

58 % HANDEL
12 % MARKE
12 % TRANSPORT
12 % MATERIAL
5 % FABRIK

FAIRE ARBEIT Die, die auf den Baumwollplantagen und in den Textilfabriken arbeiten, erhalten nur rund 0,6 % des Ladenpreises eines 29 Euro teuren T-Shirts als Lohn. Das reicht meist nicht zum Leben. Für einen fairen Lohn müssten es rund 1,5 % sein. Das wären nur 27 Cent mehr. Sollte uns Gerechtigkeit nicht so viel wert sein?

WOCHE

MO

DI

MI

DO

FR

SA

SO

MEIN WOCHENZIEL:

DAS MACHE ICH DIESE WOCHE:

DIGITAL DETOX

Ständig der Blick auf's Smartphone, ob neue Messages, E-Mails oder News da sind? Das kostet eine Menge Zeit und stresst. Teste diese Woche wie es ist, deine digitalen Zeiten zu reduzieren. Trage links in die Uhr dreimal 30 Minuten pro Tag ein, in denen du deine E-Mails und Sozialen Netzwerke checkst. Was du in dieser Zeit nicht schaffst, bleibt einfach liegen. Wie ist das?

WOCHE

MEIN WOCHENZIEL:

DAS TUE ICH DIESE WOCHE:

MO	
DI	
MI	
DO	
FR	
SA	
SO	

DEINE BOX DER DANKBARKEIT

Sammle diese Woche jeden Tag drei Dinge, für die du dankbar bist. Hebe sie für die Tage auf, an denen du irgendwie frustriert oder demotiviert bist.

MO	
DI	
MI	
DO	
FR	
SA	
SO	

MEIN WOCHENZIEL:

DAS TUE ICH DIESE WOCHE:

👍 ✊ 👎

Sinn
Sicherheit
Zeit zum Leben
Selbstverwirklichung
Herausforderung
Solidarität

WERTE DER ARBEIT Wie wichtig sind dir die oben genannten Aspekte bei deiner Arbeit? Wie sehr sind diese derzeit gegeben?

»WÄHLE EINEN BERUF, DEN DU LIEBST, UND DU BRAUCHST KEINEN TAG IN DEINEM LEBEN MEHR ZU ARBEITEN.«
KONFUZIUS

WOCHE

MEIN WOCHENZIEL:

DAS TUE ICH DIESE WOCHE:

MO	
DI	
MI	
DO	
FR	
SA	
SO	

IN ZEITNOT?
Dann berücksichtige diese Woche doch einfach mal diese 3 Schritte ...

1. MOMO-TECHNIK
Schluss mit Zeit-Management! Zeit sparen führt nur zu noch mehr Zeitnot, wie jeder weiß, der das Buch Momo kennt.

2. STRESSQUELLEN
Beobachte dich im Alltag: Gibt es typische Situationen, in denen du unter Zeitdruck gerätst? Plane mehr Zeit ein.

3. TUE NICHTS
Das Einfachste, was du gegen Zeitnot tun kannst, ist: nichts! Aber Achtung, das ist gar nicht so leicht, wie es sich anhört.

Was lief gut? Worauf bist du besonders
stolz? Wer oder was hat dich unterstützt?

Was lief nicht so gut?
Wer oder was hat dich behindert?

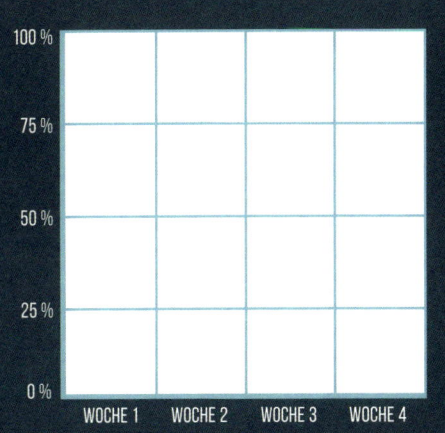

Was hast du gelernt und was bedeutet dies
für den nächsten Monat?

Wähle eine Farbe pro Frage und trage in den
Graph ein, zu wie viel Prozent dies zutrifft:

☐ Hast du deine Wochenziele erreicht?
☐ Hast du deine Aufgaben erledigt?
☐ Hast du deine Routinen eingehalten?

MONATSPLAN

MONTAG	DIENSTAG	MITTWOCH	DONNERSTAG	FREITAG

CHECK: MEINE ROUTINEN	1	2	3	4	5	6	7	8	9	10	11	12	13	14	15	16	17	18	19

SAMSTAG	SONNTAG

20	21	22	23	24	25	26	27	28	29	30	31

MEINE MONATSZIELE:

MEINE AUFGABENLISTE:

WOCHE

MEIN WOCHENZIEL:

DAS MACHE ICH DIESE WOCHE:

MO	
DI	
MI	
DO	
FR	
SA	
SO	

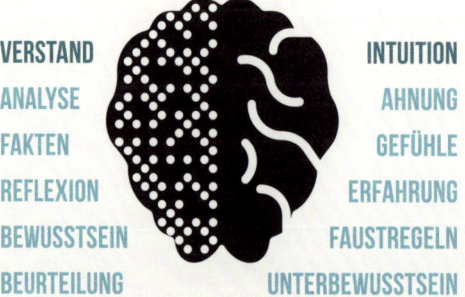

VERSTAND	INTUITION
ANALYSE	AHNUNG
FAKTEN	GEFÜHLE
REFLEXION	ERFAHRUNG
BEWUSSTSEIN	FAUSTREGELN
BEURTEILUNG	UNTERBEWUSSTSEIN

RUND 20.000 ENTSCHEIDUNGEN treffen wir täglich, meinen Forscher. Dabei helfen uns unser Verstand und unsere Intuition. Letztere solltest du keineswegs unterschätzen: Sie kann rund 1 Million Informationen pro Sekunde verarbeiten – dein Verstand nur Eintausend. Du kannst deine Intuition unterstützen, indem du für manche Aufgaben und Entscheidungen einen künstlichen Zeitdruck erzeugst. Stell dir zum Beispiel einen Küchenwecker auf 5, 10 oder 30 Minuten. Nutze einfach das, was in dieser Zeit fertig wurde.

MO

DI

MI

DO

FR

SA

SO

MEIN WOCHENZIEL:

DAS MACHE ICH DIESE WOCHE:

KREATIV-ÜBUNG Denke dir möglichst viele verschiedene Arten aus, wie du genau jetzt und hier das Verstreichen der Zeit dokumentieren kannst und trage oder zeichne sie oben ein.

WOCHE

MEIN WOCHENZIEL:

DAS TUE ICH DIESE WOCHE:

MO	
DI	
MI	
DO	
FR	
SA	
SO	

FRAGE 1:

FRAGE 2:

FRAGE 3:

ERKUNDE DIE WELT

Überlege dir diese Woche eine einfache Umfrage mit drei Fragen zu einem Thema, das du gerne genauer erkunden möchtest. Verteile sie an eine möglichst große Anzahl von Menschen. Dokumentiere die Antworten auf kreative und verständliche Weise. Zum Beispiel als Diagramm, Tabelle oder Grafik.

MO	- -
DI	- -
MI	- -
DO	- -
FR	- -
SA	- -
SO	- -

MEIN WOCHENZIEL:

DAS TUE ICH DIESE WOCHE:

KREATIVZEITEN sind wichtig. Plane pro Woche einen festen Zeitraum ein:

Wochentag

Dauer

Kreative Tätigkeit

Sorge für eine unterbrechungsfreie Kreativzeit an einem schönen Ort in angenehmer Atmosphäre.

»MAN KANN KREATIVITÄT NICHT AUFBRAUCHEN. JE MEHR MAN SIE NUTZT, DESTO MEHR HAT MAN.«
MAYA ANGELOU

WOCHE

MEIN WOCHENZIEL:

DAS TUE ICH DIESE WOCHE:

MO	
DI	
MI	
DO	
FR	
SA	
SO	

WAS STÖRT DICH?
Ist es die Art der Kritik, die Person oder das Thema?

WAS STIMMT NICHT?
Warum ist die Kritik unbegründet? Warum hast du recht?

WAS STIMMT?
Welche Aspekte der Kritik sind berechtigt?

WAS WIRST DU TUN?
Welche Konsequenz verlangt die Kritik? Bist du bereit dazu?

KRITIK VERDAUEN

Kritik ist eine zweischneidige Sache: Sie kann unser Selbstvertrauen untergraben. Sie kann uns aber auch neue Sichtweisen und Ideen liefern. Spontan weisen wir Kritik oft zurück, weil wir denken, dass wir am besten fehlerlos sein sollten. Doch ein anderer Umgang mit Kritik ist nützlich. Links ein paar Tipps, um hilfreiche von hinderlicher Kritik zu unterscheiden.

AUSWERTUNG

Was lief gut? Worauf bist du besonders
stolz? Wer oder was hat dich unterstützt?

Was lief nicht so gut?
Wer oder was hat dich behindert?

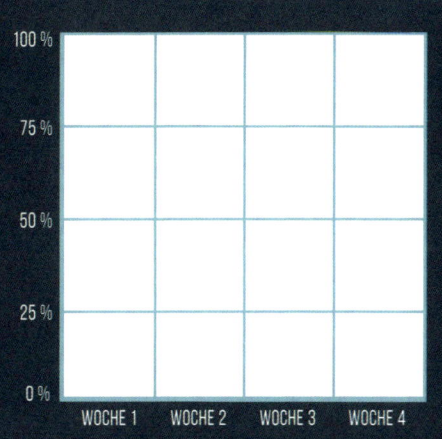

Was hast du gelernt und was bedeutet dies
für den nächsten Monat?

Wähle eine Farbe pro Frage und trage in den
Graph ein, zu wie viel Prozent dies zutrifft:

☐ Hast du deine Wochenziele erreicht?
☐ Hast du deine Aufgaben erledigt?
☐ Hast du deine Routinen eingehalten?

1. GEWOHNTE WELT SEITE 10

2. WECKRUF SEITE 12

3. WEIGERUNG SEITE 14

5. ERSTE SCHWELLE SEITE 18

6. BEWÄHRUNGSPROBE SEITE 20

7. TIEFSTE HÖHLE SEITE 22

9. BELOHNUNG SEITE 26

10. RÜCKWEG SEITE 28

11. AUFERSTEHUNG SEITE 30

☐ ABSOLUT   ☐ ZUFRIEDEN

☐ GEHT SO   ☐ UNZUFRIEDEN

☐ GAR NICHT

TEIL 3 MEINE AUSWERTUNG

4. MENTOR

8. PRÜFUNG

12. RÜCKKEHR

Das Jahr ist um. Zeit innezuhalten und mit einer Rückschau zu beginnen. Sieh dir deine Planung aus dem ersten Teil an und frage dich:

1. Gewohnte Welt: Wie zufrieden bist du mit den Veränderungen in deinem Leben?

2. Weckruf: Wie sehr hat sich dein Zukunftsbild verwirklicht?

3. Weigerung: Hast du dich mit deinen inneren Widerständen auseinandergesetzt?

4. Mentor: Hast du dich an deinen Vorbildern und Helden orientiert?

5. Erste Schwelle: Bist du auf einem guten Weg zu deinen 5-Jahreszielen und Lebensträumen?

6. Bewährung: Hast du deine Bewährungsproben gut gemeistert?

7. Tiefste Höhle: Gab es ein gutes Verhältnis zwischen Aufwand und Wirkung?

8. Prüfung: Bist du mutig durch das letzte Jahr gegangen?

9. Elixier: Hast du positive Gedanken, Worte, Taten und Gewohnheiten gepflegt?

10. Rückweg: Wie sehr hat sich dein Best-Case-Szenario erfüllt?

11. Auferstehung: Wie engagiert hast du deine Ziele verfolgt und deine Aufgaben umgesetzt?

12. Rückkehr: Wie sehr konntest du deinen Prioritäten treu bleiben?

Male deine Antworten: Vergib dazu in der Legende links unten pro Antwort eine Farbe. Such dir pro Frage eine Antwort aus und male mit der entsprechenden Farbe die Figuren oben links aus. Du kannst zu den Figuren auch Erinnerungsskizzen hinzufügen. Sei kreativ und mach die Seite zu deiner Erinnerungsgalerie.

GUT GEMACHT!
BESCHREIBE DEIN LEISTUNGSBAROMETER

Magst du klare Zahlen und knallharte Fakten? Dann kannst du auf diesen Seiten auf's Komma genau ausrechnen, was du dieses Jahr geschafft hast. Doch Achtung: Nutze diese Seite nicht, um dich selbst negativ zu bewerten. Denke viel mehr daran: Jedes Prozent, das du in eine der Skalen rechts eintragen kannst, ist an sich großartig: Du hast dadurch die Welt jedes Mal wieder ein Stückchen besser gemacht!

MEINE BELOHNUNG

Wenn du mit deiner Auswertung fertig bist, dann feiere all deine Mühen: Womit könntest du dir selbst eine Freude machen?

ALLGEMEINE
BERECHNUNGSFORMEL:

$$\frac{\text{Summe aller Prozente}}{\text{Anzahl aller Messungen}}$$

$$=$$

Erreichtes in Prozent

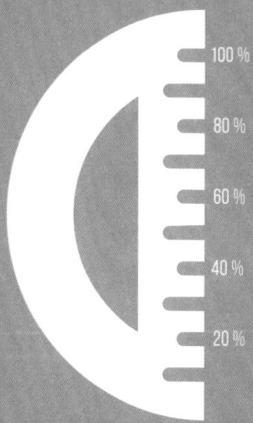

100 %

80 %

60 %

40 %

20 %

ROUTINEN

Gehe deine Monatsauswertungen durch und addiere, zu wie viel Prozent du deine Routinen umgesetzt hast. Teile die Summe durch die Anzahl deiner Wochenergebnisse (also maximal 52/53). Trage dies in die Skala oben ein.

AUFGABENBEREICHE

Schätze pro Aufgabenbereich (Seite 30 ff.) zu wie viel Prozent du ihn erledigt hast. Addiere danach alle Prozentzahlen und teile sie durch die Anzahl deiner Aufgabenbereiche. Wenn du alle Listen in diesem Buch ausgefüllt hast, sind es 12. Trage das Ergebnis in der Skala rechts ein.

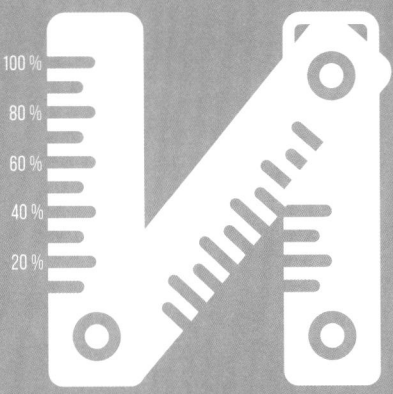

WOCHENZIELE

Schau nun in deinen Monats-analysen, zu wie viel Prozent du deine Wochenziele erreicht hast? Addiere die Zahlen und teile sie durch die Anzahl der bewerteten Wochen (also maximal 52/53 Wochen für ein Jahr). Trage das Ergebnis in die Skala links ein.

BEST-CASE-SZENARIO

Gehe deinen Brief aus der Zukunft durch (Seite 29). Bewerte bei jedem Satz, zu wie viel Prozent sich dein Best-Case-Szenario erfüllt hat. Zähle zum Schluss alle Prozentzahlen zusammen und teile die Summe durch die Anzahl der Sätze. Trage das Ergebnis unten ein.

ZERTIFIKAT
SIEH DIR AN, WAS DU BEWIRKT HAST

Alles, was du letztes Jahr getan hast, hat sich auf dich (individueller Wandel), dein Umfeld (sozialer Wandel) und die Umwelt insgesamt (ökologischer Wandel) ausgewirkt. Kaum etwas motiviert mehr, als die eigene Wirksamkeit zu erkennen. Nimm dir daher kurz Zeit und stelle dir selbst eine Urkunde über deine großartige Wirkung auf die Welt aus.

INVIDUELLER WANDEL

Wie hat sich das, was du letztes Jahr getan und erlebt hast, auf deine persönliche Entwicklung ausgewirkt? Welche neuen Denkweisen, Gefühlsentwicklungen und Fähigkeiten hast du dir angeeignet?

SOZIALER WANDEL

Was hast du letztes Jahr in sozialer Hinsicht bewirkt? Inwiefern haben deine Handlungen positive Auswirkungen auf die Menschen um dich herum, an deinem Arbeitsplatz, in deiner Nachbarschaft oder deiner Familie gehabt? Hast du vielleicht sogar das Leben der Menschen auf der anderen Seite der Erde verändert, etwa indem du fair eingekauft hast?

ÖKOLOGISCHER WANDEL

Welche positive Wirkung hatten deine Taten und Entscheidungen auf die Tiere und Pflanzen unseres Planeten? Wodurch hast du sie geschützt oder sogar gefördert? Verzage nicht, wenn du feststellst, dass du trotz guter Absichten immer noch nicht perfekt nachhaltig leben kannst. Richte stattdessen deinen Fokus auf deine Bemühungen und Fortschritte. Wichtig ist, dass du auf dem Weg bist!

ZERTIFIKAT

als Weltverwandler*in wird verliehen an:

für hervorragende Auswirkungen auf:

INDIVIDUELLER WANDEL

SOZIALER WANDEL

ÖKOLOGISCHER WANDEL

ORT, DATUM

UNTERSCHRIFT

DEINE GESCHICHTE

WAS HAST DU LETZTES JAHR ERLEBT?

HÖHEPUNKTE

Worauf bist du stolz? Was hast du gut gemacht? Wofür bist du dankbar?

TIEFPUNKTE

Welche Fehler hast du gemacht? Gab es Rückschläge?

WENDEPUNKTE

Was hat dir neue Perspektiven eröffnet? Wann bist du neue Wege gegangen?

PRÜFUNG
Was hast du in diesem Jahr gewonnen, was verloren?

ELIXIER
Welche Erkenntnisse ziehst du daraus?

AUSBLICK
Was bedeuten deine Erfahrungen und Erlebnisse für dein nächstes Jahr?

»NACH DEM SPIEL IST VOR DEM SPIEL«, SEPP HERBERGER

Und was hast du nächstes Jahr vor? Prüfe, wie es für dich weitergeht …

LASS DICH INSPIRIEREN

Sieh dich um: Es gibt so vieles, was du tun kannst, um die Welt zu einem schöneren Ort zu machen. Wenn du Lust hast, beginne wieder mit den Übungen aus Teil 1.

NEIN

HAST DU WEITERE IDEEN?

Gibt es weitere Ziele, Ideen, Pläne und Träume, die du verwirklichen möchtest?

JA

NEUSTART

Bist du zufrieden mit dem, was du dieses Jahr erreicht und bewirkt hast?

JA

NEIN

JA

JEIN

PLANE DAS NÄCHSTE JAHR

Wenn du schon weißt, was du tun möchtest, kannst du gleich mit dem Planen beginnen: Wo siehst du Chancen und Risiken, Mitstreiter und Widersacher? Welche Aufgaben, Meilensteine und Ziele gibt es?

GÖNN DIR EINE AUSZEIT!

Auch Weltretter brauchen mal eine Pause. Setz dich nicht unter Druck, sondern vertraue darauf, dass dich die richtige Idee zur richtigen Zeit finden wird! Und vergiss nicht, dein Leben zu genießen.

DIE DENKRICHTUNG ÄNDERN

Versuche deine Ziele so zu verändern, dass sie in deinem Rahmen machbar sind. Oder entdecke neue Träume.

NEIN

PROBIERE ES NOCHMAL

Finde heraus, welche Variablen du wie verändern musst, damit deine Ideen Wirklichkeit werden. Lass dich nicht unterkriegen! Manchmal dauert es eben ein bisschen länger, als gedacht.

──── **JA** ────

KANNST DU DAS ÄNDERN?

Kannst du etwas an den ungünstigen Umständen ändern?

JA

LAG ES AN DIR? ──── **NEIN** ────

Lag es an dir, dass du nicht erreicht hast, was du wolltest? Was sagt dein Warum-Monster?

LAG ES AN ANDEREM?

Lag es an den Umständen, den Rahmenbedingungen oder anderen Menschen, dass du deine Ziele nicht erreicht hast?

JA

NEIN

WACHSE MIT FREUDE

Überlege dir, was du tun oder ändern könntest, um das zu verwirklichen, was du dir wünscht. Sei dabei dein bester Freund: Verurteile dich nicht, sondern wachse mit Freude und in deinem Tempo über dich hinaus. Suche die Unterstützung, die du brauchst.

URSACHENFORSCHUNG

Nimm dir Zeit, um herauszufinden, warum du nicht verwirklicht hast, was dir doch eigentlich so wichtig ist im Leben. Versuche dich von möglichem Druck zu befreien und spielerisch an eine potentielle Lösung heranzugehen.

NOTIZEN:

ÜBER DIE AUTOREN

Ilona Koglin und Marek Rohde leben und arbeiten in Hamburg. Als Journalisten und Idealisten berichten sie über Menschen, Ideen, Aktionen und Utopien für eine bessere Welt. Als Projektentwickler beraten und begleiten sie öko-soziale Projekte. Als Menschen experimentieren sie laufend selbst mit einem öko-sozialen Wandel ihres Alltags. Das dokumentieren die beiden in ihrem Video-Blog auch filmisch.

MACH MIT

UND JETZT RETTEN WIR DIE WELT!

Willst du die Welt verändern, dann verändere dein Land.
Willst du dein Land verändern, dann verändere deine Stadt.
Willst du deine Stadt verändern, dann verändere deine Straße.
Willst du deine Straße verändern, dann verändere dein Haus.
Willst du dein Haus verändern, dann verändere dich.

Laotse

DAS BUCH

Das Buch zur Initiative „Und jetzt retten WIR die Welt!" ist ein Handbuch für alle Idealisten und Querdenker. Es bietet mehr als 460 Tipps zu öko-sozialen Projekten, Organisationen und Medien sowie 64 spannende Infografiken zu 18 Themen deines Alltags. Zahlreiche Interviews, Erfahrungsberichte und Reportagen liefern dir neue Perspektiven. Über 70 Schritt-für-Schritt-Anleitungen zeigen dir, wie du ganz konkret und jetzt sofort mit Freude deinen Alltag öko-sozialer gestalten kannst.

ISBN 978-3-440-15189-1
192 Seiten
19,99 Euro

WWW.JETZTRETTENWIRDIEWELT.DE

DIE WEBSITE

Viele weitere Ideen, Tipps und Aktionen findest du auch als interaktive Online-Kurse auf der Website der Initiative. Dort gibt es:

★ Anleitungen für den öko-soziale Wandel deines Alltags

★ Mitstreiter und Gleichgesinnte für den Ideenaustausch

★ Videos mit Tipps, Interviews und Erfahrungsberichten

KLICKEN! HANDELN! WANDELN!

IMPRESSUM

Mit 190 Vektor-Icons, davon 170 von flaticon.org
Alle weiteren Icons sind urheber- und lizenzfrei.

Umschlaggestaltung von WHOOPEE CONNECTIONS, Ilona Koglin, Hamburg, unter Verwendung von 4 Icons von flaticon.org. Außerdem mit einem Foto: Hintergrund von Hellen Sergeyeva/shutterstock. Das Foto vom Lastenfahrrad auf Seite 142 stammt von KOSMOS.

Alle Angaben in diesem Buch erfolgen nach bestem Wissen und Gewissen. Sorgfalt bei der Umsetzung ist indes geboten. Verlag und Autoren übernehmen keinerlei Haftung für Personen-, Sach- oder Vermögensschäden, die aus der Anwendung der vorgestellten Materialien und Methoden entstehen können. Dabei müssen rechtliche Bestimmungen und Vorschriften berücksichtigt und eingehalten werden.

Das gesamte Programm des KOSMOS Verlags findest du unter **kosmos.de**.
Über Neuigkeiten informiert dich der Newsletter unter **kosmos.de/newsletter**

Gedruckt auf umweltfreundlichem Papier, klimaneutral hergestellt.

greenprint *
klimapositiv gedruckt

Gedruckt nach der Richtlinie „Druckerzeugnisse" des Österreichischen Umweltzeichens. gugler*print, Melk, UWZ-Nr. 609, www.gugler.at

MIX
Papier aus verantwortungsvollen Quellen
FSC® C005108

Höchster Standard für Ökoeffektivität. Cradle to Cradle™ zertifizierte Druckprodukte innovated by gugler*. Bindung ausgenommen

© 2017, Franckh-Kosmos Verlags-GmbH & Co. KG, Stuttgart
Alle Rechte vorbehalten
ISBN 978-3-440-15815-9
Projektleitung: Stefanie Tommes
Konzept und Layout: Ilona Koglin, Marek Rohde
Satz: Ilona Koglin
Produktion: Markus Schärtlein
Printed in Austria / Imprimé en Autriche

AUFLÖSUNGEN

Baumarten (Seite 89): 1. Eberesche, 2. Apfelbaum, 3. Birke, 4. Eiche, 5. Kastanie
CO_2-Quiz (Seite 97): 1. 2 Tonnen, 2. 2,5 Mio. Tonnen, 3. 6,2 Tonnen, 4. 10 Mio. Tonnen

QUELLEN

Die Quellen kannst du als PDF-Datei herunterladen: www.kosmos.de/bestes-jahr-quellen